AF454343

Schöner Scheitern in der Wissenschaft

Olaf Kühne

Schöner Scheitern in der Wissenschaft

Karikaturen von der Hinterbühne des Betriebs

 Springer

Olaf Kühne
Forschungsbereich Geographie
Eberhard Karls Universität Tübingen
Tübingen, Deutschland

ISBN 978-3-658-48773-7   ISBN 978-3-658-48774-4   (eBook)
https://doi.org/10.1007/978-3-658-48774-4

Die Deutsche Nationalbibliothek verzeichnet diese Publikation in der Deutschen Nationalbibliografie; detaillierte bibliografische Daten sind im Internet über https://portal.dnb.de abrufbar.

Einbandabbildung: Kurzfristige Terminsetzungen können auch bei Wissenschaft Treibenden zu extremen Reaktionen führen (Idee, Text und graphische Bearbeitung: Olaf Kühne, auf Grundlage KI-generierter graphischer Vorlagen (DALL-E).

Planung/Lektorat: Cori Antonia Mackrodt
Springer ist ein Imprint der eingetragenen Gesellschaft Springer Fachmedien Wiesbaden GmbH und ist ein Teil von Springer Nature.
Die Anschrift der Gesellschaft ist: Abraham-Lincoln-Str. 46, 65189 Wiesbaden, Germany

Wenn Sie dieses Produkt entsorgen, geben Sie das Papier bitte zum Recycling.

Inhalt

Abbildungsverzeichnis

Einleitung

Wissenschaftliches Wissen wird zunehmend in alle Bereiche gesellschaftlichen Lebens eingewoben, globale Herausforderungen, wie der anthropogene Klimawandel oder der Verlust an Biodiversität wären ohne wissenschaftliche Beobachtung kaum oder kaum in dieser Geschwindigkeit zum Gegenstand politischer (allgemein: öffentlicher) Verhandlungen geworden. Wissenschaftliches Wissen findet sich aber auch zunehmend in Alltäglichkeiten eingewoben. Besonders deutlich wird dies in der Nutzung von Artefakten, ohne die eine Organisation des Alltags heute kaum mehr möglich wäre, wie Smartphones oder Laptops. Doch auch kaum eine soziale Beziehung entzieht sich wissenschaftlicher Beobachtung – wobei Beobachtungsergebnisse mittels der öffentlichen Verbreitung von Ergebnissen wieder an Gesellschaft rückgebunden werden, wo sie wiederum soziale Beziehungen modifizieren können (dazu unter vielen: Latour, 1993; Luhmann, 1990; Weingart et al., 2008). Wissenschaft ist zu einem omnipräsenten Bestandteil von Gesellschaften der Gegenwart auf überwiegenden Teilen der Welt geworden (freilich in unterschiedlicher Intensität).

Was unter Wissenschaft zu verstehen sei, wie wissenschaftliche Erkenntnisse zustande kommen, wie sich wissenschaftliches von nicht-wissenschaftlichem Wissen unterscheidet (worin auch nicht) und wie wissenschaftliche Theorien sich zueinander verhalten, dazu sind zahlreiche – häufig instruktive – Einführungen verfasst worden, in die Wissenschaftstheorie, aber auch in die Wissenschaftssoziologie oder in biographischen Zugriffe auf Wissenschaft Treibende (etwa: Bauberger, 2016; Carrier, 2017; Chalmers, 2006 [1996]; Franzmann & Bauder, 2024; Krohn, 2000; Kühne & Berr, 2021; Lorenzen, 1974; Poser, 2012; Seiffert, 1996a, 1996b; Tetens,

2013; Weingart, 2015). Diesem Kanon soll mit diesem Buch nicht ein weiteres hinzugefügt werden. Die Stoßrichtung dieses Buches ist vielmehr eine andere: Es geht darum, Wissenschaft als alltägliche Praxis zu verstehen – und zu ironisieren. Es geht also weniger darum, die großen Wege der Erkenntnis nachzuzeichnen, sondern den kleinen Pfaden nachzuspüren, auf denen Wissenschaft Treibende täglich umherirren. Dabei ist das Wissenschaft-Treiben nicht nur selbst – um auf zentrale Aussagen der Science and Technology Studies (kurz STS) zurück zukommen (Knorr-Cetina, 2002a, 2002b) – ein teilweise banales Geschäft, in dem komplexe Probleme in handwerklich einfachste Bestandteile zerlegt werden, sondern auch das Umfeld wissenschaftlichen Arbeitens, Forschens und Lehrens, sich aus banalen Tätigkeiten von kleinteiliger Verwaltung, didaktischer Reduktion und Suche nach geeigneten technischen und sprachlichen Werkzeugen gestaltet.

Diesen Banalitäten – und dem Scheitern daran – habe ich dieses Buch verschrieben. Sinn das Buches ist dabei weniger meine Freude am Banalen, sondern vielmehr Menschen, die am Beginn eines akademischen Weges stehen, zu unterstützen, nicht von den Ereignissen auf der ‚Hinterbühne‘ (Goffman, 2011 [1959] überrascht zu werden, wenn sie sich einmal aus dem Publikum der ‚Vorderbühnen‘ (Goffman, 2011 [1959]) in jenen Bereich begeben, die diesem Publikum in der Regel verborgen bleibt. Das Buch kann aber auch für jene einen gewissen Unterhaltungswert bieten, die Interesse haben, einem (selbst-)ironischen Streifzug durch die kleinen und großen Hinterbühnen wissenschaftlicher Welterzeugung zu folgen – und theoretisch einzuordnen. Ein zentraler Fokus des Buches liegt darauf, Wissenschaft Treibende in ihrem alltäglichen Scheitern zu begleiten und auch das drohende Scheitern von Karrieren in Betracht zu ziehen. Wobei Scheitern sich in Relationierung von handelndem Subjekt und gesellschaftlichen Erwartungen und Bedingungen vollzieht (Junge, 2004). Das bedeutet: Scheitern vollzieht sich dabei vor dem Hintergrund eines Nicht-Erreichens von Erwartungen und Erwartungen sind einerseits Ergebnis von Prozessen der Sozialisation und Internalisierung, allgemeine Erwartungen werden so zu den eigenen, andererseits sind Erwartungen nicht stabil, sie sind revidierbar. Der Mensch ist in der Lage zu hinterfragen, inwiefern er sich soziale Erwartungen zu eigen macht, aber auch, ob er sich geänderten sozialen Erwartungen unterordnen will. Auch ist er in der Lage, wenn auch mühsam, auf gesellschaftliche Erwartungen einzuwirken (Dahrendorf, 1979). Dieses Buch handelt nun von der Normalität des Scheiterns in einem spezifischen sozialen Kontext, dem universitären (zur Soziologie des Scheiterns: Junge & Lechner, 2004). Wenn Scheitern nicht in die Ausweglosigkeit führt, wohnt ihm auch die Chance inne, die Vorstellung von der eigenen Position im Relationengeflecht zu überdenken, gegebenenfalls neu zu bestimmen. An solche Überlegungen anschließend, wurde auch der Teil des Titels ‚Schöner Scheitern‘ gewählt. Er bezieht sich nicht allein auf eine ästhetische Zuschreibung (hier als Angebot: eine bildliche Gestaltung), sondern in einem weiteren, alltagssprachlichen Sinne als allgemein positiv besetzt.

Das Werkzeug der Karikatur als Anregung sich mit unterschiedlichen Aspekten von Scheitern in universitären Kontexten zu befassen, darauf vorbereitet zu sein, auch der Alltäglichkeit gewahr zu werden, entbindet nicht von der Kontextualisierung in verallgemeinernde Hintergründe: Theorien. Die theoretische Fundierung dieses Buches ist dabei durchaus vielfältig: Der Neopragmatismus, insbesondere in seiner Lesart von Richard Rorty und Hilary Putnam, bietet eine metatheoretische Klammer für verschiedene theoretische Zugänge (und methodische Zugriffe; dazu besonders: Putnam, 1990, 1995, 1997; Rorty, 1980, 2009 [1989]). Der Neopragmatismus hat aber auch entscheidende Bezüge zum Modus der Befassung mit wissenschaftlicher Praxis geliefert: Ironie, häufig in Form von Selbstironie. Die meta-theoretische Klammer des Neopragmatismus in diesem Buch umgreift unterschiedliche theoretische Ansätze, den genannten – eng mit dem klassischen Pragmatismus verflochtenen – Symbolischen Interaktionismus (Denzin, 2007; Goffman, 2011 [1959]; Joas, 1988; Mead, 1934; Schubert, 2009), dem klassischen Sozialkonstruktivismus (Berger, 1963/2017 [1963]; Berger & Luckmann, 1966; Schütz, 1971 [1962], wie auch einer sozialwissenschaftliche Phänomenologie (Plessner, 1981; Schütz, 1971). Aus dieser (meta-)theoretischen Positionierung heraus wird deutlich, dass es in diesem Buch nicht um ‚objektive Wahrheiten‘ um universitäres Leben gehen kann (dass es in dem hier gewählten Theorieset überhaupt nicht um ‚objektive Wahrheit‘ gehen kann, wird bereits in Kapitel 2 deutlich). Dies wird auch aus den präferieren Methoden deutlich: von reiner Beobachtung bis zur teilnehmenden Beobachtung. Insofern sind die Inhalte diese Buches Ausdruck eines sich aus der Intersubjektivität ergebenden Reflexionsprozesses universitären Lebens (und der damit verbundenen Lebensbereiche), ausgedrückt in Karikaturen. Dieser Ausdruck wiederum impliziert eine gewisse Überspitzung und Pointierung. Dabei geht es mir nicht um Bloßstellung, weder von Personen noch von Institutionen oder Konzepten oder Theorien. ‚Bloßstellung‘ würde einen festen Punkt der Bewertung voraussetzen, in Bezug auf eine ‚unumstößliche Wahrheit‘ oder in Bezug auf einen ‚überlegenen moralischen Standpunkt‘. Beides kann der Neopragmatismus nicht liefern. Dem neopragmatistischen Ansatz zu folgen bedeutet vielmehr, sich darum Gedanken zu machen, ob und inwiefern bestimmte Entwicklungen für eine Erweiterung des ‚Wirs‘ (Rorty, 2023) und zur Verringerung von Schmerz (Rorty, 2023; Shklar, 2020) nützlich sind. Die aus dem Geist der neopragmatistischen Ironie heraus gestalteten Karikaturen wollen letztlich in diesem Sinne tätig werden, Erwartungen zu justieren, bestimmte Skurrilitäten zu reflektieren oder eine Anregung zu finden, inwiefern sich bestimmte Praxen in Bezug auf die ‚Erweiterung des Wirs‘ und die Vermeidung von Schmerz als nützlich erweisen (und wo auch weniger).

Im folgenden Kapitel 2 erfolgt eine weitere Befassung mit den theoretischen Grundüberlegungen zu diesem Buch. Dies betrifft zum einen den Neopragmatismus (insbesondere als Meta-Theorie). Darüber werden aber auch die anderen zu dieser Untersuchung herangezogenen theoretischen Grundlagen umrissen, die Phänomenologie, der Sozialkonstruktivismus und der symbolische Interaktionismus. Kapitel 3 widmet sich der Operationalisierung und Rechtfertigung des Zugriffes. So wird hier das dem Buch zugrunde liegende (neopragmatistische) Ironieverständnis umrissen, die Verbindung von Karikaturen zu Satire hergestellt, aber auch die Methoden vorgestellt, als Methoden zum Zugang zum Feld wie auch zur Darstellung mittels Karikaturen. Kapitel 4 wiederum widmet sich der Vorstellung der Karikaturen. Diese wiederum werden stets mittels eines kurzen Textes in unterschiedliche Kontexte universitären Lebens eingeordnet. Dies beginnt mit einem Aspekt, der – von außen betrachtet – in besonderer Weise mit Universität verbunden wird: der Lehre. Anschließend erfolgt die Zuwendung zu einem Bereich, der weit weniger offensichtlich ist und sich deutlich differenzierter gestaltet: die Forschung. Da Forschung wie Lehre ‚nach außen‘ drängen, also außerhalb von Universitäten sichtbar in Erscheinung treten (zumindest in ihren Konsequenzen), vollzieht sich hier bisweilen ein ‚großes Schauspiel auf der Vorderbühne‘. Dagegen bildet die universitäre Selbstverwaltung eher einen Bereich der ‚Hinterbühne‘, Gremienarbeit entzieht sich der Beobachtung von außen, wenngleich hier vielfach die bestimmenden Entscheidungen getroffen werden, die für die und auf den ‚Vorderbühnen‘ relevant werden. Insofern können Einblicke in diesen Kontext dazu beitragen, Geschehnisse auf den ‚Vorderbühnen‘ einordnen zu können. Die Vorstellung von Universität als ‚Elfenbeinturm‘ hat sich angesichts sich intensivierender gesellschaftlicher Eingebundenheit überholt. Die vielfältigen Relationen finden auch ihre karikaturenhafte Vorstellung. Die berufsmäßige Ausübung von Lehre, Forschung und Selbstverwaltung hat – so scheint es zumindest – eine ganz spezifische Form der Lebenspraxis zwischen Seminaren, Gremiensitzungen, Besprechungen von Forschungsständen von Mitarbeitenden, Vorträgen auf Tagungen, Presseinterviews etc. hervorgebracht, die nur zeitliche Lücken für eigene Forschung übriglässt, die häufig auf Bahnfahrten entstehen – und gesucht werden. Was wiederum ein großes Potenzial für die Befassung in und mit Karikaturen darstellt. Das finale Fazit (Kapitel 5) wiederum ordnet die einzelnen behandelten Aspekte in den theoretischen Zusammenhang ein und stellt die Frage, ob und inwiefern ein ironisch-karikaturenhafter Blick auf universitäres Leben zu dessen breiterem Verständnis beitragen kann.

Literaturverzeichnis

Bauberger, S. (2016). *Wissenschaftstheorie: Eine Einführung*. Kohlhammer.

Berger, P. L. (2017 [1963]). *Einladung zur Soziologie: Eine humanistische Perspektive* (2., ergänzte Auflage). UVK; UVK/Lucius. (Erstveröffentlichung 1963)

Berger, P. L. & Luckmann, T. (1966). *The Social Construction of Reality: A Treatise in the Sociology of Knowledge*. Anchor Books.

Carrier, M. (2017). *Wissenschaftstheorie zur Einführung* (4., überarbeitete Auflage). Junius.

Chalmers, A. F. (2006 [1996]). *Wege der Wissenschaft: Einführung in die Wissenschaftstheorie* (N. Bergemann & C. Altstötter-Gleich, Hg.). Springer. https://doi.org/10.1007/978-3-662-10880-2

Dahrendorf, R. (1979). *Lebenschancen: Anläufe zur sozialen und politischen Theorie*. *Suhrkamp-Taschenbuch: Bd. 559*. Suhrkamp.

Denzin, N. K. (2007). Symbolischer Interaktionismus. In U. Flick, E. v. Kardorff & I. Steinke (Hrsg.), *Qualitative Forschung: Ein Handbuch* (S. 136–150). Rowohlt.

Franzmann, A. & Bauder, T. (Hrsg.). (2024). *Urszenen der Wissenschaft: Anfänge des Forschens in Biographien von Wissenschaftlerinnen und Wissenschaftlern*. Springer Fachmedien. https://doi.org/10.1007/978-3-658-44877-6

Goffman, E. (2011 [1959]). *Wir alle spielen Theater: Die Selbstdarstellung im Alltag*. Piper.

Joas, H. (1988). Symbolischer Interaktionismus: Von der Philosophie des Pragmatismus zu einer soziologischen Forschungstradition. *Kölner Zeitschrift für Soziologie und Sozialpsychologie, 40*, 417–446.

Junge, M. (2004). Scheitern: Ein unausgearbeitetes Konzept soziologischer Theoriebildung und ein Vorschlag zu seiner Konzeptualisierung. In M. Junge & G. Lechner (Hrsg.), *Scheitern: Aspekte eines sozialen Phänomens* (S. 15–32). VS Verlag für Sozialwissenschaften. https://doi.org/10.1007/978-3-322-95020-8_2

Junge, M. & Lechner, G. (Hrsg.). (2004). *Scheitern: Aspekte eines sozialen Phänomens*. VS Verlag für Sozialwissenschaften. https://doi.org/10.1007/978-3-322-95020-8

Knorr-Cetina, K. (2002a). *Die Fabrikation von Erkenntnis: Zur Anthropologie von Wissenschaft*. Suhrkamp.

Knorr-Cetina, K. (2002b). *Wissenskulturen: Ein Vergleich naturwissenschaftlicher Wissensformen* (Dt. Erstausg., 1. Aufl). *Suhrkamp-Taschenbuch Wissenschaft: Bd. 1594*. Suhrkamp.

Krohn, W. (2000). Wissenschaftssoziologie: Zwischen Modernisierungstheorie und Sozialkonstruktivismus auf schwankendem epistemischem Boden. *Soziologische Revue, 23*(Supplement). https://doi.org/10.1524/srsr.2000.23.sonderheft5.314

Kühne, O. & Berr, K. (2021). *Wissenschaft, Raum, Gesellschaft: Eine Einführung zur sozialen Erzeugung von Wissen*. Springer VS.

Latour, B. (1993). *We Have Never Been Modern (New York: Harvester Wheatsheaf)*.

Lorenzen, P. (Hrsg.). (1974). *Konstruktive Wissenschaftstheorie*. Suhrkamp.

Luhmann, N. (1990). *Die Wissenschaft der Gesellschaft*. Suhrkamp.

Mead, G. H. (1934). *Mind, Self, and Society: From the Standpoint of a Social Behaviorist*. University of Chicago Press.

Plessner, H. (1981). *Die Stufen des Organischen und der Mensch: Einleitung in die philosophische Anthropologie. Gesammelte Schriften: Bd. 4.* Suhrkamp.

Poser, H. (2012). *Wissenschaftstheorie: Eine philosophische Einführung* (2., überarbeitete und erweiterte Auflage). Philipp Reclam jun.

Putnam, H. (1990). *Realism with a Human Face* (J. Conant, Hg.). Harvard University Press.

Putnam, H. (1995). *Pragmatism: An Open Question.* Blackwell.

Putnam, H. (1997). *Für eine Erneuerung der Philosophie. Universal-Bibliothek: Bd. 9660.* Reclam.

Rorty, R. (1980). *Philosophy and the mirror of nature* (1. paperback print). Princeton University Press.

Rorty, R. (2009 [1989]). *Contingency, irony, and solidarity* (28. Aufl.). Cambridge University Press.

Rorty, R. (2023). *Pragmatismus als Antiautoritarismus* (J. Schulte, Übers.) (E. Mendieta, Hg.). Suhrkamp.

Schubert, H.-J. (2009). Pragmatismus und Symbolischer Interaktionismus. In G. Kneer & M. Schroer (Hrsg.), *Handbuch Soziologische Theorien* (S. 345–367). VS Verlag für Sozialwissenschaften.

Schütz, A. (1971 [1962]). *Gesammelte Aufsätze 1: Das Problem der Wirklichkeit.* Martinus Nijhoff.

Schütz, A. (1971). *Gesammelte Aufsätze 3: Studien zur phänomenologischen Philosophie.* Martinus Nijhoff.

Seiffert, H. (1996a). *Einführung in die Wissenschaftstheorie 1: Sprachanalyse – Deduktion – Induktion in Natur- und Sozialwissenschaften.* C. H. Beck.

Seiffert, H. (1996b). *Einführung in die Wissenschaftstheorie 2: Geisteswissenschaftliche Methoden: Phänomenologie, Hermeneutik und historische Methode, Dialektik* (Orig.-Ausg., 10., durchges. Aufl.). *Beck'sche Reihe: Bd. 61.* Beck.

Shklar, J. N. (2020). Der Liberalismus der Furcht. In H. Bajohr (Hrsg.), *Judith N. Shklar: Der Liberalismus der Furcht* (3. Aufl., S. 26–66). Matthes & Seitz.

Tetens, H. (2013). *Wissenschaftstheorie: Eine Einführung.* C. H. Beck. https://doi.org/10.17104/9783406653322

Weingart, P. (2015). *Wissenschaftssoziologie.* transcript. https://doi.org/10.1515/9783933127372

Weingart, P., Engels, A. & Pansegrau, P. (2008). *Von der Hypothese zur Katastrophe: Der anthropogene Klimawandel im Diskurs zwischen Wissenschaft, Politik und Massenmedien* (2., leicht veränderte Auflage). Barbara Budrich.

Theoretische Grundüberlegungen zum Buch

Die Befassung mit Karikaturen und Comics weist eine gewisse wissenschaftliche Tradition auf (siehe etwa: Dittmer, 2014; Domingos & Cardoso, 2021; Kauffman, 1997; Knigge, 2004; Peterle, 2021; Schröder, 2022; Streicher, 1967; dabei sticht insbesondere die Befassung mit der historischen Genese von Karikaturen in ihren Kontexten hervor, etwa bei Illner & Winzen, 2016; Piltz, 1980; Platthaus, 2016). Karikaturen sind insbesondere in Bezug auf politische Prozesse präsent, wo sie Widersprüche oder gar ‚Fehler' in übersteigerter Form darstellen sollen (Knieper, 2002; Schneider, 1988). Der Einsatz von Karikaturen im wissenschaftlichen Kontext findet sich eher illustrativ, etwa in Lehrwerken (etwa Bartling et al., 2019; aber auch in eigenen: Kühne, 2021b; Kühne & Berr, 2021) und Karikaturen über Wissenschaft Treibende gibt es in großer Zahl. In diesem Buch gilt es nicht nur, Wissenschaft aus der Binnenperspektive in Karikaturen darzustellen, sondern dies auch theoretisch zu begründen. Die theoretische Grundlage dieses Buches bildet der Neopragmatismus, dessen Grundzüge in diesem Kapitel zu erläutern sind, zu dessen Kernelementen ein ironischer Zugang zu Welt gehört (Gascoigne, 2013; Kretz, 2023a; Rorty, 2009 [1989]. Zentral ist diese Offenlegung der eigenen wissenschaftstheoretischen Grundlagen nicht zuletzt, da Karikaturen als eine Form der Satire Gefahr laufen, von einem Standpunkt – für sich zumeist implizit in Anspruch genommener – moralischer Überlegenheit, Vorgänge und Personen zu bewerten (Dadlez, 2011). Bevor ich allerdings auf diese Aspekte in Kapitel 3 genauer eingehen werde, gilt es in diesem Kapitel die Grundlagen für die weiteren Ausführungen zu legen, zunächst in der Darstellung des Neopragmatismus als metatheoretische Grundlage (Abschnitt 2.1) und im Anschluss daran die weiteren – darin

7

verwobenen – theoretischen Grundlagen von Phänomenologie, Sozialkonstruktivismus und Symbolischem Interaktionismus (Abschnitt 2.2).

2.1 Neopragmatismus als metatheoretischer Ansatz

Der Neopragmatismus lässt sich – stark generalisiert – als Verbindung von kontinentaleuropäischer Sprachphilosophie und (US-)amerikanischem Pragmatismus verstehen (Rorty, 2023). Etwas weniger generalisiert bedeutet dies, dass Sprache eine unhintergehbare Bedeutung in der Erzeugung von Welt erhält und Ziel wissenschaftlicher Arbeit ist es, nützliche Lösungen für Probleme durch handeln zu finden, denn: „Der Pragmatismus ist eine Philosophie der Handlung" (Joas, 2016 [1992], S. 28). Dieser praktische Bezug hat auch Auswirkungen auf die Art, Philosophie (und im weiteren Sinne auch Wissenschaft allgemein) zu begreifen: „Für Pragmatisten erschließt sich die Bedeutung und Relevanz von philosophischen Begriffen erst im Hinblick auf praktische Konsequenzen und deren Einbettung in erfahrende, planende und kommunizierende Handlungsprozesse" (Festl, 2018, S. 44). Wissenschaft aus dieser Perspektive fußt in der Bewältigung praktischer Probleme, dies an Stellen, an denen die reine Praxis nicht mehr weiterkam, etwa weil ihr eine Einzelfälle abstrahierende Sichtweise mangelte: „Indem der Pragmatismus die Wissenschaft als den Typus systematisierter Lösung kognitiver Handlungsprobleme auffasst, macht er das praktische Fundament aller Wissenschaft deutlich" (Joas, 2016 [1992], S. 304). Der Zugriff auf die poststrukturalistische Sprachphilosophie, als zweite zentrale Wurzel des Neopragmatismus, fällt dagegen distanzierter aus: So sei es, Hilary Putnam (1997, S. 252) zufolge, zwar gelungen, auf Vorurteile, Stereotype, liebgewonnene wie auch unhinterfragte Überzeugungen zu reflektieren und auf blinde Flecken hinzuweisen, doch lässt sich ihr Nutzen für Wissenschaft und Praxis durchaus kritisch hinterfragen, wenn „die Moral der Dekonstruktion darauf hinausläuft, dass *alles* ‚dekonstruiert' werden kann, hat die Dekonstruktion keine Moral" (Hervorhebung im Original). Die Orientierung an dem Primat der Nützlichkeit kann entsprechend als ‚Einhegung' der Dekonstruktion verstanden werden. Dies bedeutet, „dass Derrida Dinge gern in Frage stellt, wohingegen Dewey [dem Rorty folgt; Anmerkung der Autoren] die Frage stellt: ‚Was ist das Problem?' Unsere Haltung [von Rorty und Dewey; Anmerkung O.K.] ist: Wenn etwas nicht zerbrochen ist, dann reparier' es nicht. Verwende es weiter, bis du ein anderes Werkzeug findest, das besser geeignet ist. Derridariens tendieren dazu zu glauben, je mehr Fragen, Problematisierungen und *mettant-en-abîme* sie in den Alltag einbringen, desto besser" (Rorty, 1999a, S. 104; Hervorhebungen im Original). Entsprechend unterscheidet sich auch das Verständnis von Macht zwischen poststrukturalistischen Zugängen und jenem des Neopragmatismus: Der konstitutiven Verflechtung von Macht, Sprache und Wissen, wie sie etwa bei Foucault thematisiert wird (Foucault, 1971; Shiner, 1982), tritt ein (aus neopragmatistischer Sicht) weniger passives Verständnis von Macht gegenüber. Macht wird hier als Werkzeug verstanden, das eingesetzt werden kann, um nützliche Dinge zu tun. An Dewey (1958) anschließend, wird auch die Erfahrung von Macht nicht einfach passiv und erduldend verstanden, vielmehr kann Macht interpretiert und mit Bedeutung aufgeladen und in interagierender Weise beantwortet (Allen, 2008) werden. Dass Macht Teil sozialer Beziehungsnetzwerke ist, ist auch Teil des neopragmatistischen Weltverständnisses, jedoch betont der Neopragmatismus, dass Machtrelationen kreativ wandelbar und von Individuen modifizierbar sind (Allen, 2008; Kretz, 2023b; Rorty, 1991). Hier werden die pragmatistischen Wurzeln des Neopragmatismus deutlich, der die doppelte Gebundenheit von Individuum und Gesellschaft heraushob. In dieser Relation tritt die Gesellschaft dem Individuum „nicht nur als Instanz der Hemmung, des Zwangs oder der Verpflichtung entgegen, sondern [sie] wird von ihm ebenso als Quelle der Inspiration, einer Expansion des Ich und einer Freisetzung und Steigerung verborgener persönlicher Energien erlebt" (Joas, 2016 [1992], S. 46).

Mit der pragmatistischen Wendung der Sprachphilosophie, wie sie der Neopragmatismus vorschlägt, besteht das Ziel von Philosophie (im Besonderen, Wissenschaft im Allgemeinen), „die Unterscheidung zwischen Erscheinung und Realität durch die Unterscheidung zwischen mehr oder minder nutzbringenden Beschreibungen der Welt und unserer selbst" (Rorty, 2018 [1994], S. 16) zu ersetzen. Nach dieser kurzen Positionierung zu den Wurzeln des Neopragmatismus, erfolgt nun ein kurzer Umriss der neopragmatistischen Redeskription (ein zentraler Begriff, der im Folgenden erörtert wird) dieser Wurzeln, insbesondere anhand der Philosophie von Richard Rorty und Hilary Putnam als zentrale Bezugspersonen des Neopragmatismus.

Wie aus dem im vorangegangenen Dargestellten deutlich wurde, verfügen wir als Menschen über „keine Möglichkeit, die Realität (was auch immer das sei) ohne die Vermittlung einer sprachlichen Beschreibung zu erfassen" (Baltzer, 2001, S. 26). Damit ist die Folge verbunden, dass „weder die Naturerkenntnis noch die Überzeugungen, die moralische oder soziale Sachverhalte betreffen, […] ein Abbild einer vorgegebenen Realität" (Baltzer, 2001, S. 27) sind. Sprache ist in diesem Sinne also nicht als ‚Spiegel der Realität' (Rorty, 1980) verstehbar, aber auch ist die Vorstellung von Sprache „als dem Medium der Erkenntnis und auch dem Ursprung apriorischen Wissens" (Müller, 2014, S. 63) nicht mehr tragbar. Daraus folgt ein relationalistisches Verständnis von Sprache, nämlich, „dass Wörter ihre Bedeutung aus ihrem Gebrauch im Zusammenhang mit anderen Wörtern erhalten" (Buschmeier, 2023, S. 3). Zeichen werden damit – Putnam (1990b, S. 78) zufolge – mit Bedeutung gefüllt, wenn es „auf bestimmte Weise von Zeichenbenutzern verwendet wird". Zeichenbenutzende wiederum konstruieren eine Entsprechung von Zeichen zu Gegenständen. Da der Neopragmatismus nicht die Existenz der ‚Welt da draußen' leugnet, es ist schließlich kein Solipsismus, entwickelt sich der Bezug zu dieser Welt „nicht in repräsentationaler, sondern in kausaler Weise. Die Welt kann Ursache dafür sein, dass wir, sobald wir eine Sprache sprechen, zu bestimmten Überzeugungen gelangen. Diese werden als Reaktion auf die kausalen Stimuli der Welt entwickelt, um in ihr erfolgreich handeln zu können" (Heindl, 2023, S. 10). Damit entwickelt sich Sprache als „das spezifische Werkzeug der Spezies Mensch" (Müller, 2014, S. 105). Dieses spezifische Werkzeug wiederum entwickelt sich in differenzierter und unterschiedlich komplexer Weise, wie Putnam (1990a, S. 44) verdeutlicht: „Es gibt Werkzeuge wie Scheren oder Schraubenzieher, die von einer Person benutzt werden können; und es gibt Werkzeuge wie Dampfschiffe, zu deren Bedienung es der Kooperation mehrerer Personen bedarf. Zu fest klebte man an der Vorstellung, Wörter funktionierten wie Werkzeuge der ersten Sorte".

Sprache entwickelt sich in differenzierter Weise. D. h. aus Worten werden Aussagen erzeugt und Aussagen weisen unterschiedliche Relationen zueinander auf. Aus engen Relationierungen entstehen Vokabulare. Was wiederum innerhalb dieser Vokabulare als ‚Wahrheit' gilt, ist von den im Vokabular akzeptierten Rechtfertigungen abhängig (Rorty, 1999b, 2003), bei der Sprechende „auf ein Netzwerk aus Überzeugungen zurück[greifen], das sich im kommunikativen Prozess der Zustimmung und des Widerspruchs, der Rechtfertigung und Korrektur von Überzeugungen herausbildet und nicht durch eine Introspektion, die auf ein anscheinend vorgesellschaftliches Wissensfundament im Subjekt stößt" (Kronenberg, 2014, S. 46–47). Dies hat die Folge der Abhängigkeit von ‚Wahrheit' von Vokabularen: „Da Wahrheit eine Eigenschaft von Sätzen ist, da die Existenz von Sätzen abhängig von Vokabularen ist und da Vokabulare von Menschen gemacht werden, gilt dasselbe von Wahrheiten" (Rorty, 1989, S. 49). Zunächst lässt sich die Entstehung als das „Phänomen sprachlicher Arbeitsteilung" (Putnam, 1990a, S. 43) verstehen, doch produzieren unterschiedliche Vokabulare auch unterschiedliche ‚Wahrheiten', die miteinander in ein Verhältnis der Konkurrenz treten, wodurch „wechselseitig misstrauische (und *nicht*: unverständliche) Gemeinschaften der Rechtfertigung" (Rorty, 2023, S. 178; Hervorhebung im Original) entstehen. Die Entstehung dieser einander misstrauisch gegenüberstehenden Rechtfertigungsgemeinschaften ist häufig mit exkludierenden Folgen verbunden: „Der andere ‚gehört nicht zu uns', er gehört nicht zu den *echten* Menschen, den *paradigmatischen* Menschen, also zu denen, die in Hinblick auf ihre Person und ihre Meinungen mit Respekt zu behandeln sind" (Rorty, 2023, S. 178–179; Hervorhebungen im Original). Mit dem Neopragmatismus verbunden ist die (normative) Idee, dieser exkludierenden Wirkung der Differenzierung von Vokabularen den Versuch entgegenzusetzen, das ‚Wir' zu erweitern und basierend auf mitmenschlichem Mitgefühl Schmerzen zu vermeiden (dazu: Shklar, 1957, 1990). So versteht Rorty (2023, S. 55) eine ‚human gewordene Kultur' als „unsere moralische Aufgabe im Sinne der Erweiterung unserer sittlichen Gemeinschaft aufzufassen und durch Inklusion dafür zu sorgen, dass immer mehr verschiedenartige Menschen unter unseren Gebrauch des Wortes ‚wir' fallen". Dabei vollzieht sich diese Erweiterung nicht durch eine Vergrößerung des ‚Gehorsams gegenüber dem Gesetz', „sondern eine Sache des immer umfassender zum Tragen kommenden Mitgefühls" (Rorty, 2023, S. 55).

Diese Haltung der Inklusion ist dabei nicht allein Ergebnis ethischer Reflexion, sondern auch Ausdruck des Bewusstseins von Kontingenz, das in einer zutiefst fallibilistischen Grundhaltung seinen Ausdruck findet (Edler et al., 2025). ‚Kontingenz' steht für Rorty dabei „an einem Ende einer Reihe von Gegensätzen" (Topper, 1995, S. 958), an deren anderem Ende Begriffe wie *„notwendig, wesentlich, intrinsisch* oder *unbedingt"* (Topper, 1995, S. 958; Übersetzung O.K.; Hervorhebungen im Original) stehen. Kontingenz betrifft dabei nicht allein – wie gezeigt – die Sprache, sondern auch das Selbst, das über keine stabile wesenhafte Identität verfügt, denn es gibt „so viele Identitäten, wie es relationale Kontexte gibt, in die es eingefügt werden kann" (Rorty, 2023, S. 54), sie betrifft aber auch die Gesellschaft, die sich nicht in einer teleologischen Weise entwickelt – weder auf eine Marxsche kommunistische Gesellschaft noch zu einer liberalen Demokratie (Anderson, 2023; Rorty, 1997, 2009 [1989]). Der Neopragmatismus lässt sich folglich als eine Philosophie der Bedingtheit verstehen: Für uns Menschen gäbe es „nichts zu wissen außer unsere wechselseitigen Beziehungen und den Beziehungen zwischen uns und den anderen endlichen Wesen" (Rorty, 2023, S. 47). Der Neopragmatismus dieser Lesart bezeichnet Rorty als ‚Panrelationalismus', der besagt, dass Dinge, „das, was sie sind, dank ihrer Beziehung zu anderen Dingen" (Rorty, 2023, S. 209) sind.

Um exklusivistische Tendenzen von Vokabularen – in besonderer Weise von wissenschaftlichen Theorien zu überwinden, finden sich verschiedene Möglichkeiten. Zunächst lassen sich Vokabulare, die sich jenseits der Alltagssprache entwickelt haben (etwa wissenschaftliche Theorien, aber auch politische und administrative Vokabulare), in die Alltagssprache rückübersetzen, womit zwei unterschiedliche nicht-alltagssprachliche Vokabulare miteinander in Austausch treten können (Putnam, 1995). Die in diesem Buch vorgestellten Karikaturen lassen sich als Ausdruck eines solchen Bemühens verstehen, Eigenheiten des akademischen Betriebs, jenseits eines spezifischen Vokabulars alltagssprachlich und in einer Weise darzustellen, die weithin anschlussfähig ist (Kapitel 4). Eine andere Möglichkeit besteht in der Übersetzung von einem Vokabular in ein anderes, im wissenschaftlichen Kontext: Der Übersetzung der Sprache und deren Logik in Sprache und Logik einer anderen (Zima, 2017). Dies wird in diesem Buch in Ansätzen vollzogen, dies aber im Kontext der zuvorderst angewendeten Weise der vokabularen Übersetzung: der Redeskription.

Redeskription ist ein zentrales Konzept des Rortyschen Neopragmatismus und lässt sich beschreiben „als ein unablässiger Versuch, in den Worten anderer etwas Neues auszudrücken und gleichzeitig zu erkennen, dass das Gesagte immer nur parasitär sein kann" (Tautz, 2023, S. 10). Redeskriptionen erfolgen dann, wenn ‚altehrwürdige' Vokabulare fraglich geworden sind. Dies betrifft diese insbesondere dann, wenn ihr Anspruch darauf, nützliche Beschreibungen von Welt zu liefern, nicht mehr eingelöst werden kann (Rorty, 1997 [1989]. Redeskriptionen zu erzeugen bedeutet, „unsere Praktiken so zu modifizieren, dass neue Beschreibungen des bisherigen Geschehens berücksichtigt werden" (Rorty, 2003, S. 297). ‚Altehrwürdig' gewordene Vokabulare bilden dabei das Fundament für Redeskriptionen. Redeskription bedeutet – in Anschluss an Dewey – alte „Innovationen mit neueren zu versöhnen" (Rorty, 2023, S. 252). Wissenschaftliche Theorien als Vokabulare lassen sich in diesem Sinne als Werkzeuge verstehen, die ständig herausgefordert sind, ihre Nützlichkeit nachzuweisen. Verlieren sie ihre Nützlichkeit (in Gänze oder in Teilen), werden sie zum Gegenstand einer Redeskription (sie können aber auch sedimentiert werden und darauf warten, als Gegenstand einer erneuten Prüfung von Nützlichkeit herangezogen zu werden).

Aus dem bis dato Dargestelltem wird deutlich, dass es aus neopragmatistischer Perspektive nicht „nur eine einzige ‚richtige' Version der Welt, sondern eine ganze Anzahl ‚richtiger Versionen'" (Putnam, 1997, S. 143) gibt. Daraus folgt, „dass jede normative Frage der epistemischen Autorität oder des Privilegs – selbst die Art von Autorität, die durch das, worüber wir sprechen, auf das, was wir sagen, ausgeübt wird – letztlich nur im Hinblick auf soziale Praktiken verständlich ist, die implizit die Anerkennung oder Bestätigung einer solchen Autorität beinhalten" (Brandom, 2000, S. 159; Übersetzung O. K.). Da – wie deutlich wurde – das Kriterium einer ‚Wahrheit' jenseits von Vokabularen nicht als Kriterium für die Qualität (wissenschaftlicher) Erkenntnis herangezogen werden kann, müssen für die neopragmatistische Forschungen andere Kriterien der Prüfung von ‚Qualität' entwickelt werden. Hier wiederum wirkt die pragmatistische Wurzel des Neopragmatismus produktiv: Von dieser lässt sich das Kriterium Nützlichkeit von neopragmatistischen Redeskriptionen ableiten, die sich in drei Dimensionen fassen lassen können (Kühne, 2024; Kühne et al., 2025; Kühne et al., 2024):

1) Neopragmatistische Redeskriptionen müssen zum Zeitpunkt ihrer Erzeugung (!) nützlicher sein, ‚Welt' zu deuten bzw. Probleme zu lösen als ‚althergebrachte' Vokabulare hierzu in der Lage waren.

2) Neopragmatistische Redeskriptionen müssen so konzipiert sein, dass sie sich in Gewebe künftiger Redeskriptionen integrieren zu lassen. D. h. sie dürfen also keinen exklusiven ‚Wahrheitsanspruch' formulieren, weder zeitgebunden noch überzeitlich.
3) Neopragmatistische Redeskriptionen müssen zu einer kontingenten Weltdeutung beitragen. Dies ist einerseits auf die Befassung mit Kontingenz von Welt bezogen, andererseits auf die Erzeugung von kontingenten Deutungen von Welt.

Die Redeskriptionen müssen allerdings nicht immer auf Dauer und großumfänglich angelegt sein, sie können sich auch auf eine bestimmte Thematik beziehen, auf ein bestimmtes Forschungsvorhaben. Diese ‚kleinen Redeskriptionen' bieten mit ihren Triangulationen auf unterschiedlichen Ebenen, etwa der Theorien, der Methoden, der Einbindung von Perspektiven jenseits der Wissenschaft, unterschiedlicher disziplinärer Perspektiven, unterschiedlichen Quellen, aber auch unterschiedlichen Arten der Vorstellung von Ergebnissen (dazu ausführlicher: Kühne, 2023, 2024), Angebote kontingenter Weltdeutung zu entwickeln. In Bezug auf die Methodentriangulation gelangt der Neopragmatismus in eine meta-theoretische Position: Mit seinem Ansatz der Redeskription ermöglicht er, unterschiedliche Theorien zu kombinieren (auch wenn sich diese partiell widersprechen, das Kredo ist hier, das Verbindende und Komplementäre sowie Schnittmengen zu suchen, nicht das Trennende (Kühne, 2021a; Kühne & Edler, 2025). Das Entscheidende für die Auswahl sind damit keine grundsätzlichen Überlegungen zur (In)Kommensurabilität von Theorien, sondern deren Nutzen in Bezug auf die Weitung von Komplexität und die Lösung von Problemen. Schließlich lassen sich Vokabulare (und damit auch Theorien) als „unterschiedliche Werkzeuge für unterschiedliche Zwecke" (Müller, 2021, S. 48) begreifen. Dabei gilt indes auch das Prinzip von Ockhams Rasiermesser: Die Auswahl von Theorien ist nicht nur zu rechtfertigen, vielmehr ist auch zu prüfen, ob nicht mit einem weniger komplexen Theoriedesign ein vergleichbares (oder möglicherweise stringenteres) Ergebnis zu erreichen wäre.

In dem vorliegenden Buch geht es (auch) um Scheitern, hier in der Wissenschaft. Auch wenn eine eigene Theorie des Scheiterns im Neopragmatismus nicht vorliegt, können einige Rückschlüsse gezogen werden. Das Gesagte ernst nehmend, kann aus neopragmatistischer Perspektive Scheitern nie als absolut verstanden werden. So kann das, was heute als abwegig gilt (auch in der Wissenschaft) morgen als Innovation verstanden werden. Scheitern ist also auch nie endgültig. Nicht zuletzt umreißen nicht gewählte (oder: vorläufig gescheiterte) Problemlösungen einen Kontingenzraum, sie ermöglichen auch, abschätzen zu können, welche Lösungen von Problemen nutzbringender erscheinen können (dazu: Rorty,

1997 [1989]). Die Erweiterung von Kontingenz wiederum ist an die Weiterführung des Gesprächs gebunden, ein Abbruch des Gesprächs kann in diesem Sinne allerdings nur dann als Scheitern verstanden werden, wenn der Gesprächsfaden nicht wieder aufgenommen wird, etwa keine Redeskription stattfindet (dazu: Müller, 2021; Rorty, 2023). Endet das Gespräch, hat dies gesellschaftliche Konsequenzen: Ohne Gespräch ist eine Erweiterung des ‚Wirs' gescheitert.

Dem Gedanken an Ockhams Rasiermesser folgend, werden im nächsten Abschnitt die drei zentralen Theorien umrissen, die als Grundlage für dieses Buch dienen (neben dem Neopragmatismus).

2.2   Die theoretischen Werkzeuge zum Feld: Phänomenologie, Sozialkonstruktivismus und symbolischer Interaktionismus – und immer wieder Rückbezüge zum (Neo)Pragmatismus

Dieses Buch gründet sich zentral auf drei theoretische Ansätze, die bei Bedarf durch weitere Zugänge im jeweilig relevanten Kontext ergänzt werden: Erstens auf die Phänomenologie, schließlich basieren meine Darstellungen auf dem werktäglichen Erleben des universitären Lebens; zweitens auf den Sozialkonstruktivismus, dieser bietet zahlreiche Ansätze zum Verständnis von differenzierten sozialen Konstruktionsprozessen von universitärem Leben, nicht zuletzt zwischen Dozierenden und Studierenden, aber auch in Bezug auf administrative und politische Perspektiven. Drittens, dient der symbolische Interaktionismus als theoretische Grundlage, hier besonders herausgehoben, die Interpretationen des universitären Lebens auf Grundlage von Erving Goffmans (2011 [1959]) ‚Wir alle spielen Theater', auf dessen Grundlage insbesondere die ‚Hinterbühne' beleuchtet werden soll. Alle diese Ansätze setzen sich von dem Versuch ab, die ‚objektive Realität' universitären Lebens abzubilden, insofern verfolgen sie die gleiche Grundausrichtung wie der Neopragmatismus. Dabei beleuchten sie – komplementär – unterschiedliche Ebenen und Relationen im Kontext von Subjektivität, Intersubjektivität und Gesellschaft. Die Phänomenologie ermöglicht, das individuelle Erleben in die Redeskription einzubringen, der Sozialkonstruktivismus die Relation von Subjekt und Gesellschaft, der Symbolische Interaktionismus, die Bedeutung interagierender sozialer Arrangements.

Die philosophische Strömung der Phänomenologie befasst sich mit Beschreibung und Verstehen von Bewusstseinsphänomenen. Geprägt wurde sie insbesondere von Edmund Husserl (1913), Maurice Merleau-Ponty (1945), Martin Heidegger (Heidegger, 2005 [1927], wie auch von Alfred Schütz (1971), dessen Denken eine Brücke zum Sozialkonstruktivismus baute. Zentrales Anliegen der Phänomenologie liegt darin, Welt in einer Weise zu erfassen, wie sie sich unmittelbar im Erleben des Subjekts präsentiert. Die Phänomenologie ist bestrebt, vorschnelle theoretische Annahmen oder metaphysische Vorannahmen zu vermeiden. Die ‚phänomenologische Reduktion‘ bildet eine grundlegende Methode der Phänomenologie. Husserl (1913) fordert damit dazu auf, alltägliche und wissenschaftliche Vorannahmen über Welt zunächst auszuklammern. Mit dem Ziel, zu den ‚Sachen selbst‘ zu gelangen, erfolgt eine Fokussierung darauf, was sich dem Bewusstsein präsentiert (kausale Erklärungen oder empirische Ergebnisse bleiben zunächst ausgeklammert), ein Vorgang, der auch als ‚epoché‘ (altgr. Anhalten, Zurückhalten) bezeichnet wird. Also ein Unterbrechen der üblichen Routinen des (Be-)Urteilens. Ein weiteres zentrales Element phänomenologischen Weltverständnisses ist das (intentionale) Erleben. So ist – wie Husserl (1913) verdeutlicht – das Bewusstsein stets auf etwas gerichtet. Ohne ein Gegenüber ist ein bewusstes Erleben unmöglich. Wobei dieses Gegenüber ein materieller Gegenstand, eine Vorstellung, eine sozial vermittelte Idee (oder auch ein Hybrid daraus) sein kann. Somit wird Bewusstsein nicht als Container für Gedanken, Ideen oder Sinneseindrücke verstanden, vielmehr ist Bewusstsein an ein bewusstes Erleben von ‚etwas‘ gebunden. Wahrnehmung und Affekt nehmen für die Phänomenologie herausragende Bedeutung ein: „Eine Wahrnehmung ist ein Stil der Sichtbarkeit, des Sichtbar-Seins, eine Konfiguration von Licht und Materie, die die Wahrnehmungen eines sehenden Subjekts übersteigt, in sie eindringt und sich über sie hinaus erstreckt. Ein Affekt ist eine Intensität, vielleicht ein Feld von Ehrfurcht, Irritation oder Heiterkeit, das die Empfindungen und Emotionen eines Subjekts, das sieht, übersteigt, in sie eindringt und sich über sie hinaus erstreckt“ (Wylie, 2005, S. 236; Übersetzung: O. K.). Hieraus wird deutlich: Die Beziehungen zwischen erlebendem Subjekt und erlebtem Objekt werden aus phänomenologischer Perspektive relational verstanden (Chemero, 2003; Gibson, 1979), womit sich die Phänomenologie in den panrelationalistischen Kontext des Neopragmatismus einfügt.

Mit dem Konzept der ‚Lebenswelt‘ verweist Husserl (1954) auf vorwissenschaftliche Erfahrungswelt, die die Basis einer jeden wissenschaftlichen oder theoretischen Erkenntnis darstellt. Die Lebenswelt bildet als die Welt der unmittelbaren, subjektiven Erfahrung den Ausgangspunkt aller Bedeutungen. Das heißt, unter ‚Lebenswelt‘ ist die „aus der Perspektive des Eingebettetseins in das ‚Wir‘ einer Kommunikationsgemeinschaft“ gegebene „vor- und außerwissenschaftliche“ (Hartmann, 2020, S. 226) Welt zu verstehen. Mit dem Rückgriff auf die subjektiven Strukturen der Erfahrungswelt setzt sich die Phänomenologie gegen das in den Naturwissenschaften (positivistische) Denken ab, die Welt ‚objektiv‘ erfassen zu wollen. Mit der Weiterentwicklung durch Martin Heidegger (1993 [1927]) erfolgte die Entwicklung der Husserlschen Phänomenologie als reinen Bewusstseinsphilosophie zu einer ontologischen Betrachtung, in dem mit dem Begriff des

‚Daseins' das menschliche Sein als ein in die Welt Geworfenes beschrieben wird. Dieses ‚Geworfensein' verbleibt dabei nicht im Passiven, vielmehr ist der Mensch in der Lage, sich verstehend und entwerfend der Welt zu stellen. Dass dieses ‚Geworfensein' nicht allein als ein Geistiges zu verstehen ist, betont Maurice Merleau-Ponty (1945), indem er die leibliche Gebundenheit von Erfahrung hervorhebt, denn der menschliche Leib stellt nicht bloß ein Objekt in der Welt dar, vielmehr ist er das lebendige Zentrum von Wahrnehmung. Das leibliche Erleben wirkt prägend für das menschliche Sein und die Beziehungen des Menschen zur Welt.

Der phänomenologische Zugang zu Welt ist – auch in universitäreren Kontext, der bereits Hellmuth Plessner (1956) und Dietrich Goldschmidt (1956) in dieser Weise ins Zentrum der Befassung rückte – basiert – und das wurde aus dem Gesagten bereits deutlich – auf dem subjektiven Zugang zu Welt. Die Ergebnisse eines phänomenologischen Zugangs sind geprägt von der individuellen Beobachtungsfähigkeit, dem individuellen Erfahrungshorizont, aber auch der Fähigkeit eine Synthese im Sinne eines ‚par pro toto' herzustellen, das Individuelle zu verallgemeinern und das Allgemeine anhand eines Einzelfalls zu verdeutlichen. Jene, die eine phänomenologische Beschreibung und Kontextualisierung von Erfahrungen rezipieren (und über einen entsprechenden Erfahrungshorizont verfügen) werden die Darstellungen „auch in einem ‚Ja, so ist es auch'-Erlebnis würdigen können" (Seiffert, 1996, S. 47). In diesem Sinne ist die pointierende Logik einer Karikatur besonders geeignet, diese Erfahrungen kondensiert und (selbst) ironisch (siehe dazu mehr in den Abschnitten 3.1 und 3.2) darzustellen. Durch die Zuspitzung der Karikatur werden aber auch die Grenzen der Verallgemeinerbarkeit deutlich, schließlich können Erfahrungen verschieden sein, mit der Folge, dass ein ‚Nein, so ist es nicht'-Erlebnis eintritt.

Die zweite zentrale Theorie für dieses Buch bildet der – mit der Phänomenologie eng verwandte – Sozialkonstruktivismus, wie ihn Peter L. Berger und Thomas Luckmann in ‚The Social Construction of Reality. A Treatise in the Sociology of Knowledge' (deutsch: *Die gesellschaftliche Konstruktion der Wirklichkeit*‚, Berger & Luckmann, 1966) formulieren. Darin gehen sie davon aus, soziale Wirklichkeit sei nicht objektiv gegeben, sondern durch menschliches Handeln und soziale Interaktion konstruiert. Dabei greifen sie stark auf die phänomenologische Soziologie von Alfred Schütz (1960 [1932]; Schütz, 1971 [1962]) zurück, der seine Theorie in Auseinandersetzung mit Edmund Husserls Phänomenologie und Max Webers verstehender Soziologie entwickelte. Schütz unterscheidet zwischen Bezügen des Menschen zu anderen Menschen, insbesondere in Form der ‚Mitwelt', also dem direkten sozialen Umfeld, wie auch der ‚Vorwelt', die in Form tradierten Wissen für ihn relevant wird und die Grundlage für die Konstruktion von Wirklichkeit – und damit handlungsleitend wird. Die hat zur Folge, dass in jede Wahrnehmung Abstraktionen in Form von Vorwissen über die Welt einfließen (Schütz, 1971).

Dies wiederum hat zur Konsequenz, dass es „nirgends so etwas wie reine und einfache Tatsachen" (Schütz, 1971 [1962], S. 5) gibt. Wahrnehmung wird zum Resultat „eines sehr komplizierten Interpretationsprozesses, in welchem gegenwärtige Wahrnehmungen mit früheren Wahrnehmungen" (Schütz, 1971 [1962], S. 123–124) relationiert werden. Durch Verfestigung von Vorwissen und dessen Aktualisierung entsteht im Alltagsbewusstsein von Menschen eine ‚Welt des Selbstverständlichen'. Eine zentrale Bedeutung dabei haben Typisierungen, die keine „in sich abgeschlossene isolierte Deutungsschemata [darstellen], sondern vielmehr miteinander verbunden und aufeinander abgestuft" (Schütz & Luckmann, 2003 [1975], S. 125) sind. Menschen strukturieren entsprechend ihre Wahrnehmung von Welt anhand von typischen Deutungsmustern. Diese entstehen in gesellschaftlichen Interaktionen und werden tradiert und in Form typisierter Handlungsmuster aktualisiert. Wobei diese Typisierungen routiniert und vorbewusst ablaufen (Berger & Luckmann, 1966) und gesellschaftlich geteilt werden, sodass der überwiegende „Teil des Wissensvorrates des normalen Erwachsenen nicht unmittelbar erworben, sondern ‚erlernt'" (Schütz & Luckmann, 2003 [1975], S. 332) ist, schließlich werden wir „in eine Welt geboren, deren von Menschen genutzte konzeptionelle Rahmen und Kategorien in unserer Kultur bereits existieren" (Burr, 2005, S. 7; Übersetzung: O.K.].

Berger und Luckmann (1966) identifizieren drei Prozesse als grundlegend für die soziale Konstruktion von Wirklichkeit:

1) Mit der Externalisierung bringen Menschen subjektive Bedeutungen in die Welt ein. Durch ihr Handeln und Kommunizieren entstehen soziale Phänomene.
2) Eine Objektivierung erfolgt durch wiederholte Interaktion, so dass die zunächst individuellen Bedeutungen sozial verfestigt werden. Dadurch erscheinen sie als objektive Realität. Institutionen entstehen und werden verfestigt, indem sie habitualisiert – und nicht zuletzt normativ abgesichert werden.
3) Mittels der Internalisierung verinnerlichen Menschen die objektivierte Wirklichkeit. Dadurch wird sie selbstverständlich. Dies wird insbesondere durch Sozialisation vollzogen. In diesem Prozess werden (neue) Mitglieder einer Gesellschaft in deren bestehende Wissensbestände eingeführt, Deutungs- und Handlungsmuster werden aktualisiert.

Durch den Prozess von Externalisierung, Objektivierung und Internalisierung erscheint die gesellschaftliche Ordnung Menschen als objektive Tatsache, trotz ihrer Konstruiertheit. Die Universität stellt sich in diesem Sinne also als ein (sozialer) Raum dar, in dem Wissen (Deutungs- und Handlungsmuster) erzeugt und – mittels fachspezifischer Sozialisation – verbreitet wird. Sie ist aber auch ein Ort, in dem diese Prozesse untersucht und Verselbstverständlichungen hinterfragt werden. Dieses Buch hat das Ziel, einen Beitrag zu leisten, Einblicke in die soziale Konstruiertheit von Normalisierungsprozessen universitären Lebens zu explizieren und somit einen Umgang damit zu erleichtern. Der Eintritt in das universitäre Leben (und die Teilhabe an diesem) ist also mit Anpassungen verbunden. Diese Anpassungen können sich in unterschiedlicher Weise vollziehen, wie aus pragmatistischer Tradition deutlich wird: Sie reicht von der passiven Anpassung (accomodation) an die Gegebenheiten der Umwelt, über die aktive Anpassung (adaptation), die Umgestaltung der Welt ins Lebensdienliche, bis hin zur umgreifenden Umstrukturierung der ganzen Persönlichkeit in religiösen Erfahrungen (adjustment)" (Joas, 2016 [1992], S. 102). Damit diese Anpassung (ohne diese wird das sich sozialisierende Individuum letztlich handlungsunfähig, auch im universitären Kontext) nicht als „Routine oder Verlust an Subjektivität" (Joas, 2016 [1992], S. 102) erfolgt, sondern als „praktische Innovation, *kreative* Lösung realer Probleme" (Joas, 2016 [1992], S. 102; Hervorhebung im Original), ist es hilfreich, Anpassungserwartungen explizit zu machen – wozu dieses Buch einen Beitrag leisten will.

In der Konstellation der phänomenologischen Soziologie von Alfred Schütz und dem Sozialkonstruktivismus von Peter Berger und Thomas Luckmann wird die enge, deutlich komplementäre Verbindung von Sozialkonstruktivismus und Phänomenologie deutlich, sie lassen sich hier als ‚zwei Seiten einer Medaille' verstehen: Während die Phänomenologie das Erleben des Menschen von Welt fokussiert, befasst sich der Sozialkonstruktivismus mit dessen sozialer Eingebundenheit, wobei diese Eingebundenheit auch die Möglichkeit beinhaltet, innovativ auf die soziale Welt einzuwirken (ausführlicher: Kühne, 2019).

Der dritte zentrale Zugang ‚zum Feld' ist der symbolische Interaktionismus, der starke Rückbezüge zum Pragmatismus aufweist und mit diesem, aber auch dem Sozialkonstruktivismus die grundlegende Auffassung teilt, Wissen und Bedeutungen seien nicht objektiv vorgegeben, sondern sozial durch Handlung, Erfahrung und Interaktion sozial erzeugt und auch das ‚Selbst' bestehe nicht aus einem ‚Wesenskern', sondern entstehe durch Auseinandersetzung mit anderen – insbesondere mittels Sprache und Symbolen (dazu: Joas, 2016 [1992]). Der Symbolische Interaktionismus setzt die Tradition der Chicagoer Schule fort. Diese lässt sich als „Verbindung von pragmatistischer Philosophie, politisch-reformerischer Ausrichtung unter den Bedingungen rapider Industrialisierung und Urbanisierung sowie von Versuchen zur Empirisierung der Soziologie unter starker Betonung vorwissenschaftlicher Erfahrungsquellen" (Joas, 2016 [1992], S. 27) charakterisieren.

In dem Kontext dieses Buches orientiere ich mich insbesondere an dem dramaturgischen Zugang von Erving Goffman mit seinem Buch ‚Wir alle spielen

Theater' (engl. Original: *The Presentation of Self in Everyday Life*; Goffman, 2011 [1959]). In Bezug zum Theater verdeutlicht er, wie Menschen im Alltag Rollen spielen und sich in sozialen Situationen inszenieren, dabei gestalten Menschen ihr soziales Leben auch in Form von ‚Auftritten', mit dem Ziel bestimmte Reaktionen ihres Publikums zu erzielen. Dabei versteht er mit dem Begriff der ‚Darstellung' das Gesamtverhalten eines Menschen, „das er in Gegenwart einer bestimmten Gruppe von Zuschauern zeigt und das Einfluss auf diese Zuschauer hat" (Goffman, 2011 [1959], S. 23). Ein zentrales Element seines Ansatzes bildet die ‚Fassade'. Darunter versteht er „das standardisierte Ausdrucksrepertoire, das der Einzelne im Verlauf seiner Vorstellung bewusst oder unbewusst anwendet" (Goffman, 2011 [1959], S. 23). Diese dient wiederum nicht zuletzt dazu, den Erwartungen der sozialen Umwelt (des Publikums) gerecht zu werden. Bei der Darstellung einer Rolle stellt „die Fassade einige recht abstrakte Ansprüche an das Publikum" (Goffman, 2011 [1959], S. 35). Dass das Publikum diesen Ansprüchen gerecht werden kann, ist eine Folge der Sozialisation, in denen Erwartungen an Rollen internalisiert werden. Auf der anderen Seite sind auch Darstellende infolge der Sozialisation in der Lage, „beim Publikum einen auf verschiedene Art idealisierten Eindruck zu erwecken" (Goffman, 2011 [1959], S. 35). Die Inszenierung wiederum unterscheidet sich in sozialen Kontexten, dies betrifft das Publikum und wie auch den Zweck der Interaktion. In dem Falle dieses Buches, ist ein universitärer Kontext betroffen, wobei sich auch die Zwecke der Interaktion unterscheiden, etwa von der Interaktion im Hörsaal zur Anregung zum Wissenserwerb über Gremiensitzungen zur Lösung konkreter Probleme (idealerweise) bis zur bilateralen Interaktion zum Zwecke der Erreichung eines gemeinsamen (wissenschaftlichen) Ergebnisses. Dabei sind Darstellende um ‚Ausdruckskontrolle' bemüht. Dabei ist es das Ziel, ‚Nebenereignisse' nicht aufkommen zu lassen oder sie so in die Darstellung zu integrieren, das sie „mit der allgemeinen Definition der Situation vereinbar" (Goffman, 2011 [1959], S. 48) sind. Für Darstellende selbst betrifft dies, erstens, „ungewollt Unfähigkeit, schlechtes Benehmen oder mangelnden Respekt" (Goffman, 2011 [1959], S. 49) zu zeigen; zweitens, den Eindruck zu erwecken, „entweder zu stark oder zu wenig an der Interaktion beteiligt zu sein" (Goffman, 2011 [1959], S. 49); und drittens, die Beeinträchtigung der „Wirkung des Darstellers durch mangelnde Inszenierung" (Goffman, 2011 [1959], S. 50). Aspekte, die in vielen sozialen Situationen vorkommen können, wobei mir Universitäten besonders davon betroffen zu sein scheinen, da ihre Bühne einerseits der Tradition, andererseits dem Fortschritt verpflichtet ist, zumal die Akteure an Universitäten häufig in ‚Ensembles' auftreten, nämlich als eine „Gruppe von Individuen […], die gemeinsam eine Rolle aufbauen" (Goffman, 2011 [1959], S. 75).

Die angesprochene Bühne wiederum ist nicht ein einheitliches Gebilde, sie lässt sich in eine Vorderbühne und Hinterbühne differenzieren: Auf der Vorderbühne präsentieren sich Menschen einem größeren Publikum, hier soll der Eindruck erweckt werden, die darstellende Person „halte sich an gewisse Normen" (Goffman, 2011 [1959], S. 100). Dabei beziehen sich Normen auf Höflichkeitsregen in Interaktion mit dem Publikum, aber auch in Bezug auf ihr Verhalten innerhalb von „Gesichtskreis oder Hörbereich des Publikums" (Goffman, 2011 [1959], S. 100). Die Hinterbühne lässt sich verstehen „als der zu einer Vorstellung gehörige Ort, an dem der durch die Darstellung hervorgerufene Eindruck bewusst und selbstverständlich widerlegt wird" (Goffman, 2011 [1959], S. 104). Hier können Masken (teilweise) fallengelassen oder Rollen neu erprobt werden, Fassaden auf Fehler geprüft und repariert werden. Da auf der Hinterbühne „kein besonderer Effekt angestrebt wird" (Goffman, 2011 [1959], S. 116), gestaltet sich die Kommunikation vertrauter. Die inoffizielle „Hinterbühnensprache" ist also eine andere als jene, die verwendet wird „für Gelegenheiten, bei denen man sich darstellt" (Goffman, 2011 [1959], S. 117). Vorderbühnen und Hinterbühnen liegen an Universitäten gemeinhin dicht beieinander, derselbe physische Raum kann sich binnen weniger Augenblicke von einer Vorderbühne (etwa Seminar) zu einer Hinterbühne (vertrauliches Gespräch zwischen zwei einander zugetaner Kollegen) entwickeln.

Aus dem knapp Dargestellten wird deutlich, wie soziale Interaktionen häufig von einem unausgesprochenen, aber nichtsdestotrotz verbindlichen Set an Regeln geprägt sind. Regeln, die dazu dienen, dass Menschen nicht ‚aus der Rolle fallen' und ‚Gesichtsverlust' erleiden. Dies erfolgt in Anpassung an gesellschaftliche Erwartungen – die wiederum situationsabhängig und revidierbar sind. Zugleich ist das gegen die Rolle verstoßende Individuum darum bemüht, mittels Strategien der Wiedergutmachung den sozialen Schaden zu minimieren (Goffman, 2011 [1959]. Wobei auch dies kontextabhängig ist, was in einem sozialen Kontext eine Widergutmachung erforderlich erscheinen lässt, gilt in einem anderen sozialen Kontext in Rahmen der Inszenierung als völlig selbstverständlich.

Insofern ist es auch ein Ziel dieses Buches, die unausgesprochenen Regeln im universitären Betrieb explizit zu machen, einerseits um die Gefahr des Rollenverlusts (insbesondere für neue Mitglieder der Ensembles) zu verringern, andererseits, um zu hinterfragen, ob und inwiefern Regeln noch nützlich sind (womit wir wieder beim Neopragmatismus wären). Der Modus dieses Hinterfragens ist jener der Ironie als Ausdruck des Bewusstseins von Kontingenz, womit ich mich im nächsten Kapitel befassen werde.

Literaturverzeichnis

Allen, J. (2008). Pragmatism and power, or the power to make a difference in a radically contingent world. *Geoforum, 39*(4), 1613–1624. https://doi.org/10.1016/j.geoforum.2007.06.004

Anderson, J. P. (2023). Achieving Rorty's New Private-Public Divide. In M. Müller (Hrsg.), *Handbuch Richard Rorty* (S. 865–881). Springer Fachmedien.

Baltzer, U. (2001). Rorty und die Erneuerung des Pragmatismus. In T. Tietz, U. Schäfer & R. Zill (Hrsg.), *Hinter den Spiegeln: Beiträge zur Philosophie Richard Rortys mit Erwiderungen von Richard Rorty* (S. 21–48). Suhrkamp.

Bartling, H., Luzius, F. & Fichert, F. (2019). *Grundzüge der Volkswirtschaftslehre: Einführung in die Wirtschaftstheorie und Wirtschaftspolitik* (18th ed.). *Lernbücher für Wirtschaft und Recht*. Franz Vahlen. https://ebookcentral.proquest.com/lib/kxp/detail.action?docID=6991273

Berger, P. L. & Luckmann, T. (1966). *The Social Construction of Reality: A Treatise in the Sociology of Knowledge*. Anchor Books.

Brandom, R. B. (2000). Vocabularies of Pragmatism: Synthesizing Naturalism and Historicism. In R. B. Brandom (Hrsg.), *Philosophers and their critics: Bd. 9. Rorty and his critics* (1. publ, S. 156–183). Blackwell.

Burr, V. (2005). *Social Constructivism*. Routledge.

Buschmeier, M. (2023). Sprachphilosophie: Sprachspielpragmatismus und -historismus. In M. Müller (Hrsg.), *Handbuch Richard Rorty* (S. 597–614). Springer Fachmedien.

Chemero, A. (2003). An Outline of a Theory of Affordances. *Ecological Psychology, 15*(2), 181–195. https://doi.org/10.1207/S15326969ECO1502_5

Dadlez, E. M. (2011). Truly Funny: Humor, Irony, and Satire as Moral Criticism. *The Journal of Aesthetic Education, 45*(1), 1–17.

Dewey, J. (1958). *Art as experience* (12. impr). *Capricorn books: Bd. 1*. Putnam.

Dittmer, J. (Hrsg.). (2014). *Media Geography at Mainz: Bd. 4. Comic Book Geographies*. Franz Steiner Verlag.

Domingos, A. C. M. & Cardoso, J. A. R. (2021). Media Representation and Transmediation: Indexicality in Journalism Comics and Biography Comics. In L. Elleström (Hrsg.), *Beyond Media Borders, Volume 2: Intermedial Relations among Multimodal Media* (S. 79–115). Palgrave Macmillan.

Edler, D., Drews, J., Berr, K. & Kühne, O. (2025). Fallibilism and Generative AI in Cartography: Some Fundamental Theoretical Thoughts. *KN – Journal of Cartography and Geographic Information*. Vorab-Onlinepublikation. https://doi.org/10.1007/s42489-025-00186-0

Festl, M. G. (Hrsg.). (2018). *Handbuch Pragmatismus*. J. B. Metzler. https://doi.org/10.1007/978-3-476-04557-7

Foucault, M. (1971). Nietzsche, die Genealogie, die Historie. In M. Foucault (Hrsg.), *Subversion des Wissens* (S. 69–90). Fischer.

Gascoigne, N. (2013). *Richard Rorty: Liberalism, irony and the ends of philosophy. Key contemporary thinkers*. Polity Press. https://ebookcentral.proquest.com/lib/kxp/detail.action?docID=1180356

Gibson, J. J. (1979). *The ecological approach to visual perception*. Houghton Mifflin.

Goffman, E. (2011 [1959]). *Wir alle spielen Theater: Die Selbstdarstellung im Alltag*. Piper.

Goldschmidt, D. (1956). Die gegenwärtige Problematik. In I. Asemissen, R. Frenzel, D. Goldschmidt, C. G. von Krockow & H. Plessner (Hrsg.), *Untersuchungen zur Lage der deutschen Hochschullehrer: Bd. 1. Nachwuchsfragen: Im Spiegel einer Erhebung 1953–1955* (1. Aufl., Bd. 1, S. 37–59). Vandenhoeck & Ruprecht.

Hartmann, D. (2020). *Neues System der philosophischen Wissenschaften im Grundriss: Band I: Erkenntnistheorie*. Mentis.

Heidegger, M. (1993 [1927]). *Sein und Zeit*. Max Niemeyer Verlag.

Heidegger, M. (2005 [1927]). *Die Grundprobleme der Phänomenologie*. Klostermann.

Heindl, A. (2023). Richard Rortys Kritik der Erkenntnistheorie: Demokratischer Anti-Repräsentationalismus. In M. Müller (Hrsg.), *Handbuch Richard Rorty* (S. 581–596). Springer Fachmedien.

Husserl, E. (1913). *Ideen zu einer reinen Phänomenologie und phänomenologischen Philosopie: Erster Buch: Allgemeine Einführung in die reine Phänomenologie*. Niemeyer.

Husserl, E. (1954). *Die Krisis der europäischen Wissenschaften und die transzendentale Phänomenologie: Eine Einleitung in die phänomenologische Philosophie*. Herausgegeben von Walter Biemel. *Husserliana: Bd. 6*. Martinus Nijhoff.

Illner, E. & Winzen, M. (Hrsg.). (2016). *Technische Paradiese: Die Zukunft in der Karikatur des 19. Jahrhunderts*. Athena.

Joas, H. (2016 [1992]). *Pragmatismus und Gesellschaftstheorie* (3. Aufl.). *Suhrkamp-Taschenbuch Wissenschaft: Bd. 1018*. Suhrkamp.

Kauffman, J. M. (1997). Caricature, Science, and Exceptionality. *Remedial and Special Education, 18*(3), 130–132. https://doi.org/10.1177/074193259701800301

Knieper, T. (2002). *Die politische Karikatur: Eine journalistische Darstellungsform und deren Produzenten*. Halem.

Knigge, A. C. (2004). *Alles über Comics: Eine Entdeckungsreise von den Höhlenbildern bis zum Manga*. Europa-Verlag. https://doi.org/79115

Kretz, D. (2023a). Contingency, Irony, and Solidarity (1989). Übers.: Kontingenz, Ironie und Solidarität (1989). In M. Müller (Hrsg.), *Handbuch Richard Rorty* (S. 201–224). Springer Fachmedien.

Kretz, D. (2023b). Essays on Heidegger and Others: Philosophical Papers, Vol. 2 (1991). In M. Müller (Hrsg.), *Handbuch Richard Rorty* (S. 239–251). Springer Fachmedien.

Kronenberg, B. (2014). *Die Zerbrechlichkeit des Wahren: Richard Rortys Neopragmatismus und Adornos Negative Dialektik* (1st ed.). *Edition Moderne Postmoderne*. transcript. https://elibrary.utb.de/doi/book/10.5555/9783839414101

Kühne, O. (2019). *Landscape Theories: A Brief Introduction*. Springer VS.

Kühne, O. (2021a). Contours of a ‚Post-Critical‘ Cartography – A Contribution to the Dissemination of Sociological Cartographic Research. *KN – Journal of Cartography and Geographic Information, 71*, 133–141. https://doi.org/10.1007/s42489-021-00080-5

Kühne, O. (2021b). *Landschaftstheorie und Landschaftspraxis: Eine Einführung aus sozialkonstruktivistischer Perspektive* (3., aktualisierte und überarbeitete Auflage). Springer VS.

Kühne, O. (2023). Foodscapes – a Neopragmatic Redescription. *Berichte. Geographie und Landeskunde, 96*(1), 5–25. https://doi.org/10.25162/bgl-2022-0016

Kühne, O. (2024). *Redescribing Horizontal Geographies: A Neopragmatist Approach to Spatial Contingency, Complexity, and Relationships.* Springer International.

Kühne, O. & Berr, K. (2021). *Wissenschaft, Raum, Gesellschaft: Eine Einführung zur sozialen Erzeugung von Wissen.* Springer VS.

Kühne, O., Berr, K., Edler, D., Lohmann, P. & Schuster, K. (2025). *Neopragmatismus – inverse Landschaft – (karto)graphische Darstellung: Von der Kritik zur Weiterentwicklung.* Springer VS.

Kühne, O. & Edler, D. (2025). Reconstructing the Map: A Neopragmatist Perspective on Cartography in the Context of Artificial Intelligence (AI). *KN – Journal of Cartography and Geographic Information.* Vorab-Onlinepublikation. https://doi.org/10.1007/s42489-024-00184-8

Kühne, O., Koegst, L. & Berr, K. (2024). *Oilscapes of Louisiana – Neopragmatic Reflections on the Ambivalent Aesthetics of Landscape Constructions.* Springer Fachmedien.

Merleau-Ponty, M. (1945). *Phénoménologie de la perception. Bibliothèque des idées.* Gallimard.

Müller, M. (2014). *Private Romantik, öffentlicher Pragmatismus? Richard Rortys transformative Neubeschreibung des Liberalismus* (1st ed.). *Edition Moderne Postmoderne.* transcript. https://elibrary.utb.de/doi/book/10.5555/9783839420416

Müller, M. (2021). *Rorty lesen.* Springer VS.

Peterle, G. (2021). *Comics as a Research Practice.* Routledge. https://doi.org/10.4324/9781003058069

Piltz, G. (1980). *Geschichte der europäischen Karikatur* (2. Aufl.). Deutscher Verlag der Wissenschaften, VEB.

Platthaus, A. (2016). *Das geht ins Auge: Geschichten der Karikatur.* AB – Die Andere Bibliothek GmbH & Co. KG.

Plessner, H. (1956). Zur Soziologie der modernen Forschung und ihrer Organisation in der deutschen Universität: Tradition und Ideologie. In I. Asemissen, R. Frenzel, D. Goldschmidt, C. G. von Krockow & H. Plessner (Hrsg.), *Untersuchungen zur Lage der deutschen Hochschullehrer: Bd. 1. Nachwuchsfragen: Im Spiegel einer Erhebung 1953–1955* (1. Aufl., Bd. 1, S. 19–36). Vandenhoeck & Ruprecht.

Putnam, H. (1990a). *Die Bedeutung von „Bedeutung"* (2., durchgesehene Auflage). Klostermann.

Putnam, H. (1990b). *Vernunft, Wahrheit und Geschichte.* Suhrkamp.

Putnam, H. (1995). *Pragmatism: An Open Question.* Blackwell.

Putnam, H. (1997). *Für eine Erneuerung der Philosophie. Universal-Bibliothek: Bd. 9660.* Reclam.

Rorty, R. (1980). *Philosophy and the mirror of nature* (1. paperback print). Princeton University Press.

Rorty, R. (1989). *Kontingenz, Ironie und Solidarität.* Suhrkamp.

Rorty, R. (1991). *Essays on Heidegger and others. Philosophical papers: v. 2.* Cambridge University Press. https://doi.org/10.1017/CBO9780511609039

Rorty, R. (1997). *Achieving our country: Leftist thought in twentieth-century America. The William E. Massey, Sr. lectures in the history of American civilization: Bd. 1997.* Harvard University Press. http://www.h-net.org/review/hrev-a0b1v4-aa

Rorty, R. (1997 [1989]). *Contingency, Irony, and Solidarity.* Cambridge University Press. https://doi.org/10.1017/CBO9780511804397

Rorty, R. (1999a). Antwort auf Simon Critchley. In C. Mouffe (Hrsg.), *Dekonstruktion und Pragmatismus: Demokratie, Wahrheit und Vernunft* (S. 97–110). Passagen-Verlag.

Rorty, R. (1999b). *Philosophy and social hope* (1. publ). *Penguin books.* Penguin Books.

Rorty, R. (2003). *Wahrheit und Fortschritt.* Suhrkamp.

Rorty, R. (2009 [1989]). *Contingency, irony, and solidarity* (28. Aufl.). Cambridge University Press.

Rorty, R. (2018 [1994]). *Hoffnung statt Erkenntnis: Eine Einführung in die pragmatische Philosophie* (3. Aufl.). Passagen-Verlag.

Rorty, R. (2023). *Pragmatismus als Antiautoritarismus* (J. Schulte, Übers.) (E. Mendieta, Hg.). Suhrkamp.

Schneider, F. (1988). *Die politische Karikatur.* Beck.

Schröder, V. (2022). More than words: Comics als narratives Medium für Mehr-als-menschliche Geographien. *Geographica Helvetica, 77*(2), 271–287. https://doi.org/10.5194/gh-77-271-2022

Schütz, A. (1960 [1932]). *Der sinnhafte Aufbau der sozialen Welt: Eine Einleitung in die Verstehende Soziologie* (2. Aufl.). Julius Springer. (Erstveröffentlichung 1932)

Schütz, A. (1971 [1962]). *Gesammelte Aufsätze 1: Das Problem der Wirklichkeit.* Martinus Nijhoff.

Schütz, A. (1971). *Gesammelte Aufsätze 3: Studien zur phänomenologischen Philosophie.* Martinus Nijhoff.

Schütz, A. & Luckmann, T. (2003 [1975]). *Strukturen der Lebenswelt.* UTB.

Seiffert, H. (1996). *Einführung in die Wissenschaftstheorie 2: Geisteswissenschaftliche Methoden: Phänomenologie, Hermeneutik und historische Methode, Dialektik* (Orig.-Ausg., 10., durchges. Aufl.). *Beck'sche Reihe: Bd. 61.* Beck.

Shiner, L. (1982). Reading Foucault: Anti-Method and the Genealogy of Power-Knowledge. *History and Theory, 21*(3), 382–398. https://doi.org/10.2307/2505097

Shklar, J. N. (1957). *After Utopia: The Decline of Politcal Faith. Princeton Legacy Library.* Princeton University Press. https://doi.org/10.1515/9781400876655

Shklar, J. N. (1990). *The faces of injustice. Storrs lectures on jurisprudence/Yale Law School: Bd. 1988.* Yale University Press.

Streicher, L. H. (1967). On a Theory of Political Caricature. *Comparative Studies in Society and History, 9*(4), 427–445. https://doi.org/10.1017/S0010417500000462X

Tautz, B. (2023). Klassiker der Ironie als Lebensform (Sokrates, Kierkegaard). In M. Müller (Hrsg.), *Handbuch Richard Rorty* (S. 443–458). Springer Fachmedien.

Topper, K. (1995). Richard Rorty, Liberalism and the Politics of Redescription. *American Political Science Review, 89*(4), 954–965. https://doi.org/10.2307/2082520

Wylie, J. (2005). A single day's walking: narrating self and landscape on the South West Coast Path. *Transactions of the Institute of British Geographers, 30*(2), 234–247. https://doi.org/10.1111/j.1475-5661.2005.00163.x

Zima, P. V. (2017). *Was ist Theorie? Theoriebegriff und Dialogische Theorie in den Kultur- und Sozialwissenschaften* (2., überarbeitete Auflage). A. Francke Verlag; UTB.

Ironie als Modus der Kommunikation und ihre Operationalisierung als Satire in Form einer Praxis der Karikatur

Ein neopragmatistischer Zugang zu Welt ist ein (selbst-)ironischer, der aus dem Bewusstsein der Kontingenz von Selbst, Sprache und Gesellschaft erwächst (Müller, 2014; Rorty, 2009 [1989]). Ironie kann sich in unterschiedlichen Formen ausdrücken. In dem Fall dieses Buches in Form von Karikaturen. Insofern befasse ich mich in diesem Kapitel mit Überlegungen zur Relationierung von Karikaturen als Form von Satire in Bezug auf neopragmatistische Ironie. Dazu erfolgt zunächst eine Spezifizierung des neopragmatistischen Ironieverständnisses (Abschnitt 3.1), im Anschluss werde ich dieses in Bezug zu Zynismus, Satire und Karikatur relationieren (Abschnitt 3.2) und anschließend den Prozess erläutern, wie die Karikaturen entstanden sind (Abschnitt 3.3). Das abschließende Resümee wiederum dient der Pointierung der bisher gemachten Aussagen und der Überleitung zur Vorstellung der Karikaturen (Abschnitt 3.4).

3.1 Entwicklungen zu einem neopragmatistischen Ironieverständnis

Allgemeiner Humor, spezieller Ironie – um die es nicht nur in diesem Kapitel geht, sondern die dieses Buch durchzieht – lässt sich als „Mittel der Kommunikation [beschreiben], eine Ausdrucksform, die auf etwas aufmerksam macht, auf das Ungewöhnliche im scheinbar Gewöhnlichen" (Grau, 2010, S. 23). Die Anfänge des Wortes ‚Ironie' reichen bis etwa auf das Jahr 400 vor unserer Zeitrechnung zurück. Ironie bedeutete schon in der griechischen Antike, dass eine redende Person etwas

© Der/die Autor(en), exklusiv lizenziert an
Springer Fachmedien Wiesbaden GmbH, ein Teil von Springer Nature 2025
O. Kühne, *Schöner Scheitern in der Wissenschaft*,
https://doi.org/10.1007/978-3-658-48774-4_3

anderes sagt als sie denkt. Entsprechend bedeutete Ironie fürderhin, dass eine redende Person von der ‚Mitte der Wahrheit‘ abweicht – und war nicht in prahlender Weise, zum ‚zu viel‘, sondern vielmehr in bescheidener Weise zum ‚zu wenig‘ (Aristoteles, 2001 [ca. 335–322 v. u. Z.]). Die Wirkung von Ironie weist eine große Spannweite auf: Sie kann etwa auf jene Personen verletzend wirken, auf die Ironie angewandt wird. Sie kann empören, wenn sie auf ein ernsthaftes Anliegen gerichtet wird. Sie kann (in der Tradition von Sokrates), in Form eines bescheidenen Nachfragens dazu führen, Erkenntnisprozesse voranzutreiben (Wirth, 2017). Diese erkenntnissteigernde Funktion von Ironie findet in der deutschen Romantik ihre Fortführung. Schlegel (1796–1806/1963) hebt die Gebundenheit von Ironie an Voraussetzungen hervor, schließlich lässt sich nur jene Person, die gelernt hat, mit ihr umzugehen, nicht von ihr verwirren. Ironie lässt sich von der Anwendung in einer konkreten Situation zu einer permanenten Rolle oder gar Haltung verallgemeinern (Schlegel, 1796–1806/1963). Ironie (insbesondere als Haltung) stellt das (für andere) Selbstverständliche in Frage. Sie kann so einen Beitrag zur Voraussetzungsbehaftetheit von Normalität leisten (Wirth, 2017) – dies betrifft nicht allein die Alltagswelt, sondern auch die wissenschaftliche Welt, in der Denkkonventionen und ‚intellektuelle Abkürzungen‘ nicht unüblich sind (Korf, 2022; Kühne et al., 2022; Lisowski, 2023). Dieser Aspekt findet sich auch bei Richard Rorty wieder, indem er die Bedeutung von Ironie für das Bewusstsein von Kontingenz hervorhebt (Rorty, 1997 [1989]), womit wir bei dem zentralen Thema dieses Abschnitts angelangt sind.

Den Ausdruck des Bewusstseins der dreifachen Kontingenz von Sprache, Selbst und Gesellschaft verkörpert für Rorty (1997 [1989] die ‚liberale Ironikerin‘, als einer Person, „die der Tatsache ins Gesicht sieht, dass ihre zentralen Überzeugungen und Bedürfnisse kontingent sind“ (Rorty, 1989, S. 14). ‚Liberale Ironikerinnen‘ sind demnach als Menschen zu verstehen, „die zu diesen nicht auf tiefste Gründe rückführbaren Bedürfnissen auch ihre eigenen Hoffnungen rechnen […], dass Leiden geringer wird, dass die Demütigung von Menschen durch Menschen vielleicht aufhört“ (Rorty, 1989, S. 14), womit an die moralische Norm der Verminderung von Schmerz, die in Abschnitt 2.1 thematisiert wurde, auf der einen Seite deutlich wird. Auf der anderen Seite bedeutet das Bewusstsein um die Kontingenz von Sprache, Selbst und Gesellschaft eine durch eine ‚fallibilistische Gewissheit‘ getriebene Einmündung in einer metastabilen ironischen Einstellung. Aus dieser heraus ist der Mensch „nie ganz dazu in der Lage, sich selbst ernst zu nehmen, weil immer dessen gewahr, dass die Begriffe, in denen sie sich selbst beschreiben, Veränderungen unterliegen“ (Rorty, 1989, S. 128). Da sich die liberale Ironikerin stets der veränderlichen Kontextabhängigkeit von Vokabularen bewusst ist, besteht ihre größte Angst darin, „in einem Vokabular stecken zu bleiben. Umgekehrt führt das Lernen neuer Vokabulare zu einer Sensibilisierung der

Wahrnehmung, Erweiterung des Horizonts und Vertiefung der Erfahrung. In diesem Sinne ist es ein Spiel mit der Sprache und dem Dasein" (B. Weber, 2023, S. 7). Ein solches Spiel mit Sprache bedeutet eine emanzipatorische Erzeugung von Sinn. Sinn existiert nicht einfach, nichts hat per se einen Sinn. Vielmehr entsteht Sinn dann, sofern wir einem ‚Etwas' einen Sinn geben (Brandom, 2001). Scheitern ist für die liberale Ironikerin nicht nur möglich, sondern integraler Bestandteil ihrer reflektierten kontextsensiblen Selbstkonstruktion. Insofern nimmt sie Scheitern nicht tragisch, sondern versteht es als Gelegenheit zur Umdeutung von sich, aber auch Gesellschaft und Sprache. Ihre Biographie folgt keinem gesellschaftlich vorgegebenem Plan, sondern in kreativer Selbsterschaffung, nicht zuletzt in Auseinandersetzung mit Erfahrungen des Scheiterns.

Für Rorty ist Ironie das zentrale Instrument der Selbsterschaffung, die sich in der privaten Sphäre vollzieht (während ihm die Verringerung von Grausamkeit als Aufgabe der öffentlichen Sphäre gilt). Private Selbsterschaffung wiederum vollzieht sich nicht isoliert, sondern im intersubjektiven Kontext: „Der Ort der Freiheit ist nicht das Denken oder das geistige Sehen, sondern die kommunikative Lebenspraxis" (Müller, 2014, S. 411). Die „Fähigkeit der Distanzierung von der eigenen Situiertheit und damit die Möglichkeit der Veränderung der gegenwärtigen praktischen Identität des Selbst" (Müller, 2014, S. 694) ermöglicht es, innovativ in Vokabularen tätig zu werden. Damit ist die ‚liberale Ironikerin' in die Lage versetzt, die kontingenzmindernde Wirkung von Vokabularen zu übergehen. Sie ist so in der Lage, die Kontingenz von Vokabularen zu weiten – und im extremen Falle – Vokabulare zu redeskribieren (eine Innovationsfähigkeit von Menschen, die auch der Sozialkonstruktivismus hervorhebt, siehe Abschnitt 3.1). So ist der Mensch einerseits mittels Sozialisation in die Struktur der Werte, Normen und Erwartungen der Gesellschaft eingebunden, andererseits gibt ihm „die Fähigkeit der ‚redescription' aber auch Macht über den Anderen" (Tautz, 2023, S. 11).

Die demokratische Rechtfertigungsgemeinschaft stellt für Rorty (1997 [1989] in ihrem Antifundamentalismus und dem Bewusstsein der Kontingenz von Selbst, Sprache und Gesellschaft die kommunikative Grundlage für die Entwicklung wiederum kontingenter Ansätze zur Lösung von Problemen. Ironie als „Tugend des gelassenen Kontingenzbewusstseins" (Müller, 2021, S. 35) wird dabei zur zentralen Form des Zugangs zu sich und der Welt (Rorty, 1997 [1989]).

Auch wenn hier die ermöglichende Wirkung von Ironie herausgestellt wurde, sind auch Ironie und ihre Anwendung (wie bereits oben angedeutet) nicht ohne Nebenfolge (im Weiteren: Kühne et al., 2024): Das ‚Vermögen zur Ironie' hängt stark von der Verfügbarkeit symbolischen Kapitals ab (im Sinne von Bourdieu, 2005 [1983], 2016), insbesondere vom inkorporierten kulturellen Kapital. Die liberale Ironikerin muss sowohl die ‚Mitte der Wahrheit' kennen, aber auch das Maß der Abweichung des ‚Zu-Wenig'. Dieses Maß der Abweichung ist in unterschiedlichen Vokabularen in unterschiedlicher Weise gestaltet, was in einem Vokabular akzeptiert wird, wird in einem anderen Vokabular abgelehnt oder auch gar nicht als Ironie gekannt. Hierzu bedarf es einer hohen Ausstattung an inkorporiertem kulturellem Kapital, nicht zuletzt infolge der Fähigkeit der Einschätzung von unterschiedlichen Vokabularen. Diese benötigt die liberale Ironikerin auch, um abschätzen zu können, inwiefern das Gegenüber Ironie als Zeichen der Selbstkontingenz zu verstehen in der Lage und bereit ist, nicht als abwertenden Manifestation eines distinktiven Habitus. Die Ironikerin muss insofern auch über soziales Kapital verfügen: Den Zugang zu Vokabularen, in denen Ironie verstanden und geschätzt wird. Die ‚Fähigkeit zur Ironie‘ setzt wiederum auch eine Mindestausstattung ökonomischen Kapitals voraus. Eine gesicherte ökonomische Basis ermöglicht, sich ironisch von der Gesellschaft, der Sprache und dem Selbst distanzieren zu können und nicht völlig von der Erwerbsarbeit okkupiert zu sein. Die Entwicklung der Fähigkeit zum ‚souveränen Spiel mit Vokabularen‘ muss mit hohem Zeitaufwand erworben werden, was Abkömmlichkeit oder eine Erwerbstätigkeit voraussetzt, in der ein (kreativer) Umgang mit (unterschiedlichen) Vokabularen inkludiert ist. Wie dies etwa an Universitäten der Fall ist.

3.2   Karikaturen zwischen Satire, Zynismus und Kritik

In der mittelalterlichen Tradition der Groteske stehend, verbreiteten sich Karikaturen (im engeren Sinne) mit den zunehmenden Möglichkeiten der Druckgrafik in Europa „auf dem Gebiet des politischen und des religiösen Pamphlets, das durch die intellektuelle Erneuerung am Ende des 15. Jahrhunderts starken Auftrieb erhielt" (Kaenel, 2010, o. S.). Bis heute sind in Karikaturen politische wie religiöse Themen stark präsent, zählt es doch zu den zentralen Aspekten von Karikatur, sich (kritisch) mit Autoritäten auseinanderzusetzen (Platthaus, 2016). Die moderne Karikatur entstand im Kontext von Aufklärung, dem Aufschwung der Buchillustration und Radierungstechnik und insbesondere der Französischen Revolution. In dieser Zeit wurde auch „das Wort, das wie der französische Begriff *caricature* vom italienischen *caricatura* (Überladung, Übertreibung) stammt, geläufig" (Kaenel, 2010, o. S.; Hervorhebung im Original). Die Art des Umgangs mit Karikatur lässt Rückschlüsse auf die offene Kommunikation von einer Gesellschaft zu: „Das Recht auf Karikatur ist ein Grundprinzip unserer Kultur" vermerkt Platthaus (2016, S. 11), um sogleich die Grenzen der Meinungsfreiheit, die der Karikatur zugrunde liegt, zu thematisieren, die der Auslegung bedürften, wie etwa „Beleidigungen, Blasphemien, Rassismus" (Platthaus, 2016, S. 11).

Die Herausforderung für Satire im Allgemeinen und Karikatur im Besonderen in der Gegenwart fasst Nadia Menze (2024, S. 7) wie folgt in prägnanter Weise zusammen, wobei sie sich hier auf die Gepflogenheiten im Internet bezieht: „Huch, ein unerlaubtes Thema, ein gefährlicher Take, politisch ziemlich unkorrekt – wie kann sich ein Künstler erlauben, den armen unbedarft Scrollenden dies anzutun? Da ist der Zeichner dann selbst schuld, wenn ihn nun die die vier apokalyptischen Sensivity-Reader heimsuchen". Etwas weiter heißt es dann: „Mittlerweile wird man als Zeichner nicht mehr für das verantwortlich gemacht, was die Karikatur aussagt, sondern zusätzlich noch für das, was dumme Menschen möglicherweise hineinlesen könnten" (Menze, 2024, S. 7). Karikaturen sind in doppelter Weise an Konventionen gekoppelt: Sie arbeiten zum einen „mit Stereotypen und prototypischen Vorstellungen in den Köpfen des Publikums" (Menze, 2024, S. 117). Diese stellen eine Basis dar, die es nicht zuletzt erlaubt, eine Karikatur nachvollziehen zu können. Zum anderen sind sie auch auf Sehkonventionen bezogen: Die Reihenfolge der Wahrnehmung, wie sie Nadia Menze (2024) beschreibt, gliedert sich (in westlichen Kulturen) folgendermaßen: Zunächst erfolgt eine grobe Bilderfassung, dann die Lektüre der Sprechblasen von links oben nach rechts unten und schließlich erfolgt das Lesen einer Unterzeile, sofern vorhanden.

In diesem Buch weiche ich in einem Punkt von den oben gemachten Ausführungen ab. Es handelt sich – wie im Vorsatz bereits deutlich wurde – um Karikaturen in einem Buch, sind also weniger für die Internetkommunikation bestimmt, die einerseits fragmentarischer ist (etwa in Bezug auf einzelne Karikaturen), andererseits auch durch eine stärkere Kommunikation mit Nutzenden geprägt ist. Das Buch hingegen ermöglicht, Karikaturen in einen größeren Zusammenhang zu stellen, sowohl untereinander (etwa durch thematische Bezüge) als auch in Bezug auf theoretische Grundüberlegungen sowie eine methodologische Kontextualisierung. Auch in Bezug auf die oben angesprochenen ‚Stereotypen und prototypischen Vorstellungen' findet sich in diesem Buch eine Spezifizierung. Die Karikaturen (aber auch die ihnen zugrunde liegenden theoretischen und methodologischen Überlegungen) zielen nicht auf ein allgemeines (interessiertes) Publikum, sondern auf eine bestimmte Lesendenschaft, nämlich primär auf eine, die sich in akademischen (insbesondere universitären) Gepflogenheiten zurechtfinden möchte. Im weiteren Sinne auch auf ein Publikum, das diese Gepflogenheiten erlebt, aber einen ironischen Blick darauf werfen möchte. Insofern sind die ‚Stereotypen und prototypischen Vorstellungen', von denen ausgegangen wird, durch gewisse Grundkenntnisse des akademischen Betriebs gekennzeichnet, die wiederum bei der Erstellung der Karikaturen vorausgesetzt werden können. Doch der Umgang hiermit ist nicht allein voraussetzend, sondern bezieht sich auch auf die oben genannten ‚intellektuellen Abkürzungen', die mit ‚Stereotypen und prototypischen Vorstellungen' einhergehen. So gilt es auch, diese ironisch infrage zu stellen. Der einen oder der anderen mögen Karikaturen auch bissig oder zynisch erscheinen. Dies lässt sich angesichts der Organisation gesellschaftlicher Kommunikation in Form von unterschiedlichen Vokabularen kaum vermeiden, da unterschiedliche Empfindlichkeiten gegenüber unterschiedlichen Aussagen kultiviert werden (sollte Satire alle möglichen Empfindlichkeiten durch Vermeidungshandeln berücksichtigen, würde sie ihr Potenzial aufgeben, Eigenheiten und Widersprüche sowie aus bestimmter Perspektive als solche verstandenen Missstände zu thematisieren). Um beim Zynismus zu bleiben: „Das Bissige an ihm besteht ja gerade darin, dass er die Kluft zwischen wohlfeilen Worten und tatsächlichem Handeln schonungslos offenlegt" (Lisowski, 2023, S. 30).

Eine Gefahr an Satire, Zynismus und auch dem Erstellen von Karikaturen besteht in einer moralischen (unhinterfragter) Selbstüberhöhung (Dadlez, 2011), also eigene moralische Standards zu verallgemeinern und von dieser Position aus Entwicklungen von Welt zu brandmarken. Besonders problematisch wird dies, wenn der eigene moralische Standpunkt nicht benannt wird (aber nichtsdestotrotz universalisiert). Gerade hier wird das Problem der Nutzung moralischer Kommunikation deutlich (ausführlicher bei: Berr & Kühne, 2024; Grau, 2017; Kühne, 2018; Luhmann, 1993, 2016; Müller-Salo, 2020; Stegemann, 2018): Moralische Kommunikation ist kaum mehr ohne eigenen Schaden zurückzunehmen, sie ist mit Herabsetzung des Gegenübers als Person verbunden, sie gestaltet sich insofern zunehmend komplex, da mit der Pluralisierung von Gesellschaft und Vokabularen auch eine Pluralisierung der Moralen einherging. Der Gefahr einer nicht explizit gemachten und verallgemeinerten Moralisierung wird in diesem Buch mit einer dreifachen Strategie begegnet:

1) Die moralische Grundhaltung, die den Karikaturen und den diesbezüglichen Ausführungen zugrunde liegt, wird offengelegt. Dabei handelt es sich um die Verminderung von Schmerz, die Entwicklung einer inklusivistischen Gesellschaft der Vergrößerung des ‚Wirs‘, wie in Abschnitt 2.1, deutlich wurde.

2) Die Zeichnungen und textlichen Ausführungen sind von einer selbstironischen Haltung durchzogen (siehe Abschnitt 3.1). Sie entspringen dem Bewusstsein der Kontingenz von Selbst, Sprache (hier insbesondere der akademischen) und Welt (hier insbesondere der Welt der Universität und den mit ihr interagierenden Feldern).

3) Satire (und damit auch Karikaturen) basiert neben der Ironisierung von Besonderheiten und Skurrilitäten auch auf Kritik (diese kann, muss aber nicht moralisch sein). Kritik kann auf vielen Ebenen geäußert werden. Insofern erscheint es relevant, auch die Ebenen der Kritik zu benennen, von denen aus ein Gegenstand betrachtet wird. Hierzu werde ich im Folgenden genauer eingehen.

Der Begriff ‚Kritik‘ stammt aus dem Altgriechischen (kritiké [techné]) und lässt sich als ‚[Kunst der] Beurteilung‘ verstehen und bezeichnet bereits bei Platon und Aristoteles „das Unterscheidungsvermögen und die Urteilskraft" (Mittelstraß, 2004, S. 498; die folgenden Ausführungen stellen eine Zusammenfassung der Überlegungen in folgenden Schriften dar: Berr et al., 2023; Kühne, 2024; Kühne et al., 2025; Kühne, Berr & Lohmann, 2023). Für Immanuel Kant besteht das Ziel kritischen Denkens nicht in der Aufdeckung von Fehlern, vielmehr versteht er eine Kritik der reinen Vernunft als „Propädeutik" zu einem „System der reinen Vernunft", die „nicht zur Erweiterung, sondern nur zur Läuterung unserer Vernunft" (Kant, 1959 [1781], B 24) dienlich sein soll. Dies umfasst sowohl die „Destruktion unbegründeter Orientierungen" als auch die „Konstruktion begründeter Orientierungen" (Mittelstraß, 2004, S. 499).

Die ‚Kritischen Theorie', wie sie von der ‚Frankfurter Schule' verstanden wird, verbindet hingegen – unter Rückgriff auf Karl Marx und Sigmund Freud – mit ‚Kritik' den Anspruch, Macht- und Herrschaftsstrukturen der Gesellschaft aufzudecken (Horkheimer & Adorno, 1969), schließlich seien „die Tatsachen, die uns die Sinne zuführen", bereits „in doppelter Weise gesellschaftlich vorgeformt: durch den geschichtlichen Charakter des wahrgenommenen Gegenstandes und den geschichtlichen Charakter des wahrnehmenden Organs" (Horkheimer, 1977 [1937], S. 17). Kritik in diesem Sinne zielt „nirgends bloß auf Vermehrung des Wissens als solchen ab, sondern auf die Emanzipation des Menschen aus versklavenden Verhältnissen" (Horkheimer, 1977 [1937], S. 263).

Jede Kritik benötigt zum einen – wie bereits angesprochen – ein Kriterium ihrer Kritik, zum anderen ist grundsätzlich zwischen interner (oder immanenter) und externer (oder transzendenter) Kritik zu unterscheiden (vgl. exemplarisch Stederoth, 2011). Interne oder immanente Kritik bedeutet, sich auf die Maßstäbe des Kritisierten einzulassen und zu prüfen, ob und inwiefern das Kritisierte den Maßstäben des Kritisierten gerecht wird. Externe oder ‚transzendente' Kritik basiert darauf Maßstäbe heranzuziehen, die nicht jene des Kritisierten sind. Hier entsteht die Gefahr einer Totalisierung der Kritik, d. h. außer dem eigenen Maßstab werden keine Maßstäbe anerkannt. So warnt Odo Marquard vor einer „absolute[n] Zeitkritik" (Marquard, 2007, S. 117), die in totalisierender Weise Menschen belehrt und alternative Weltdeutungen (Vokabulare) unterdrückt.

Für den Pragmatismus wie auch den Neopragmatismus ist es nicht das Motiv, „das Denken unkritisch zu machen, sondern es im real motivierten Zweifel zu verankern. Das heißt, alles alltägliche Denken ebenso wie die Wissenschaft und die Philosophie werden auf die Lösung faktischer Probleme in konkreter Lebenspraxis bezogen" (Joas, 2016 [1992], S. 74). Dies bedeutet im Umkehrschluss auch, dass die zur Lösung vorgeschlagenen Probleme eine praktische Relevanz aufweisen müssen (direkt oder indirekt). Diese Überlegungen aufnehmend, haben wir an anderer Stelle (Berr et al., 2023; Kühne, 2024; Kühne et al., 2025; Kühne, Berr & Lohmann, 2023) sechs typische Formen von Kritik unterschieden. Diese lassen sich anhand der Polarität Abstraktheit und Konkretheit sowie der von wissenschaftsinterner und wissenschaftsexterner Kritik genauer bestimmen (Abbildung 1):

1) Die *Binnenkritik* darf als elementarste Form der Kritik verstanden werden (vgl. z. B. Stederoth, 2011; Boltanski, 2010; Jaeggi, 2009; Stahl, 2013). Als interne Kritik liegt die zentrale Bezugsgröße darin, ob und inwiefern der selbst formulierte Anspruch erfüllt wird.

2) Die *Kritik aus der Kontextualisierung* stellt eine weitere typische und bewährte Form wissenschaftsinterner Kritik dar. Der kritisierte (wissenschaftliche) Zugang wird in Relation zu ähnlich gelagerten Forschungen gesetzt. Dies kann Theorie- und Begriffswahl, Methodologie, Methodik bzw. Datenauswahl betreffen.

3) Die *metatheoretische Kritik* ist ebenfalls wissenschaftsintern verortet und auf einem stark abstrakten Niveau angesiedelt. Mit ihr lässt sich prüfen, ob und inwiefern Forschungen geeignet sind, zur Erweiterung des theoretischen Spektrums beizutragen, aber auch alternative theoretische Ansätze zu prüfen, einzuschränken oder zu erweitern.

4) Die *weltanschauliche Kritik* ist zunächst im wissenschaftsexternen Kontext angesiedelt (kann aber in den wissenschaftlichen Kontext aber hineinreichen). Auch sie ist auf einem hohen Abstraktionsniveau angesiedelt. Begründet sein kann sie religiös, politisch, ökonomisch, kulturell oder moralisch, wobei eine gesinnungsethische Motivation (im Sinne von M. Weber, 1976 [1922], 1988) dominiert. Weltanschauliche Kritik neigt dazu, ihre Grundlagen weder eindeutig zu benennen noch sich selbst zu hinterfragen oder zu rechtfertigen. Entsprechend ist diese Form der Kritik zumeist wenig differenziert vorgetragen und greift auf ungeprüfte Allgemeinplätze zurück.

5) Die *Kritik der Folgen und unintendierten Nebenfolgen* von Forschungen (Berger, 1963/2017 [1963]; Dahrendorf, 1968; Popper, 1963, 1945/1992) orientiert sich – im Gegensatz zur weltanschaulichen Kritik – verantwortungsethisch (im Sinne von M. Weber, 1976 [1922]). In ihrer Prüfung der Verantwortbarkeit von Forschungsergebnisse, ist der ethische Standort der Kritik zu benennen.

6) Die *lebenspragmatische Kritik* weist den geringsten Grad an Abstraktion auf. Sie ist insbesondere auf lebenspraktische Herausforderungen bezogen und damit stark wissenschaftsextern orientiert. Mit ihr wird die Tauglichkeit von Forschungen in Bezug auf die Lösung lebenspraktischer Probleme geprüft. Dabei ist die Grundlage dieser Kritik kaum begründungsbedürftig, schließlich liegt der offensichtliche Ausgangspunkt der Kritik jenseits der Wissenschaft, in der Lebenswelt (einschlägig: Gethmann, 1991; Gethmann et al., 2011; Husserl, 1954,

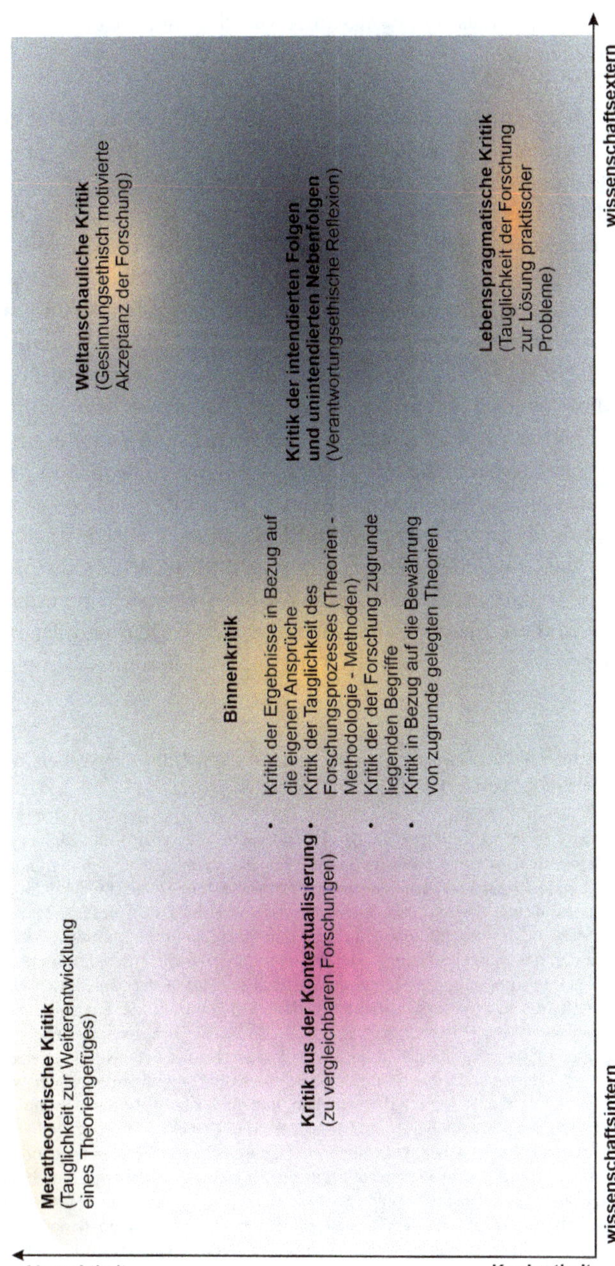

Abbildung 1   Unterschiedliche Arten der Kritik, verortet in die Dimensionen Abstraktheit und Konkretheit (auf der y-Achse) sowie wissenschaftsintern und wissenschaftsextern (auf der x-Achse; leicht erweitert aus: Kühne, Berr & Lohmann, 2023, S. 39).

2008; Janich, 2011; Mittelstraß, 1991; Schütz & Luckmann, 2003 [1975]; Waldenfels, 2005; Welter, 1986).

Die in diesem Buch vorgestellten Karikaturen basieren insbesondere auf der Binnenkritik und der lebenspraktischen Kritik (als Konsequenz der (neo)pragmatistischen Grundhaltung). Diese wiederum bezieht sich nicht zwingend allein auf Forschung und Wissenschaft im engeren Sinne, sondern auch auf die Organisation des akademischen Betriebs wie auch den Kontext von Feldern, mit denen Universität konstitutiv verbunden ist, insbesondere der (Wissenschafts-)Politik. Auf die Kritik aus der Kontextualisierung wird zurückgegriffen, wenn bestimmte Argumentationsmuster wissenschaftlicher Vokabulare fokussiert werden. Ein wichtiger Bezugspunkt, auf den kontextualisierend immer wieder zurückgegriffen wird, ist Max Webers ‚Wissenschaft als Beruf‘ (M. Weber, 2011 [1919]; siehe Kasten 1), da er hier zentrale Logiken von Wissenschaft und Anforderungen an Wissenschaft Treibende herausstellt, wodurch sich Kontinuitäten und Veränderungen besonders deutlich illustrieren lassen können. Auf metatheoretische Kritik wird dann zurückgegriffen, wenn unterschiedliche theoretische Zugänge mit ihren Spezifika einer ironischen Betrachtung zugeführt werden. In diesem Buch wird versucht, auf weltanschauliche Kritik in der oben dargestellten Form zu verzichten, doch wird diese Art der Kritik ihrerseits zum Gegenstand der Ironisierung. Die hier genutzte Kritik der Folgen und unintendierten Nebenfolgen be-

Kasten 1   Ein zentraler Bezugspunkt der kontextualisierenden Kritik: Max Webers ‚Wissenschaft als Beruf‘ (M. Weber, 2011 [1919]

Max Weber befasst sich in ‚Wissenschaft als Beruf‘ (M. Weber, 2011 [1919] mit der Frage der Funktion von Wissenschaft in der modernen Gesellschaft wie auch, welche Anforderungen an Wissenschaft Treibende gestellt werden. Zentral ist für Weber die Unterscheidung zwischen Wertfreiheit und persönlicher Überzeugung. So vermag Wissenschaft es nicht, abschließende Antworten auf moralische oder metaphysische Fragen zu geben. Sie dient der neutralen Befassung mit Sachverhalten und der logischen Klärung von Zusammenhängen. Wissenschaft ist in der Lage Werkzeuge zur Erkenntnisgewinnung zu erzeugen, sie ist aber nicht in der Lage, abschließende Antworten auf Sinnfragen zu liefern. Wissenschaft ist dabei ein Werkzeug der Entzauberung von Welt, da der wissenschaftliche Fortschritt zur Ersetzung mythischer und religiöser Erklärungen durch rationale, empirische Erkenntnisse führe. Da dies indes keinen Lebenssinn zu erzeugen vermag, gilt es für Wissenschaft Treibende ihre persönlichen Überzeugungen von ihrer wissenschaftlichen Arbeit zu trennen. Wissenschaft zu treiben, bedeutet, dies nicht aus Geltungs- oder Karrierestreben zu tun, sondern aus Berufung. Dieser Berufung gerecht zu werden bedeutet für Weber eine Mischung aus harter Arbeit, Disziplin und Leidenschaft, die eine tiefe Hingabe an die Sache verlangt. Andererseits sind akademische Karrieren stark von äußeren Faktoren abhängig, wie Zufällen und (wandelbaren) institutionellen Strukturen. Zugleich bedeutet es für Wissenschaft Treibende, die Tatsache zu akzeptieren, dass die hart erarbeitete Erkenntnis (in der Regel) nicht auf Dauer Bestand hat, sondern mehr oder minder rasch durch neues Wissen ersetzt wird.

zieht sich wiederum nicht allein auf Forschung und Wissenschaft selbst, sondern auch auf die Organisation des akademischen Betriebs wie auch den Kontext von Feldern, mit denen Universität konstitutiv verbunden ist, insbesondere der (Wissenschafts-)Politik. Sie stellt eine der zentralen Kritikformen dieses Buches dar, wie auch die lebenspragmatische Kritik. Diese erlangt nicht zuletzt deswegen eine besondere Bedeutung, da Universitäten im Besonderen und der akademische Betrieb im Allgemeinen nicht allein ‚System' sind, sondern auch ‚Lebenswelt', die eine unhintergehbare Basis darstellt: „Die kommunikativ Handelnden bewegen sich stets *innerhalb* des Horizontes ihrer Lebenswelt; aus ihm können sie nicht heraustreten" (Habermas, 1995, S. 192).

So greifen Karikaturen stets über das ‚Systemische' von Wissenschaft (geprägt durch den Code ‚wahr/unwahr' im Sinne Luhmanns (1990) hinaus. Auch wenn sich die Karikaturen dieses Buches mit Wissenschaft befassen, zur Orientierung und Anregung zur (selbst-)ironischen Betrachtungsweise anregen sollen, lassen sie sich nicht immer eindeutig einer der genannten Kritiken zuordnen. Dies sollte nicht mit Bedauern zur Kenntnis genommen werden, sondern einerseits als konstitutiv für Karikaturen verstanden werden, spielen sie doch häufig mit fest geglaubten dichotomen Grenzenkonstrukten. Andererseits liegt die Hybridisierung unterschiedlicher Kritiken im Kalkül des neopragmatistischen Zugriffes: Kategorien stellen hier Werkzeuge zum Umgang mit Welt dar, die ihren Nutzen unter Beweis stellen müssen und keine Normen, mit deren Hilfe ‚Welt' zu gliedern ist. Wenn es also für das Verständnis von Welt und Weltsichten nutzbringend verspricht, werden unterschiedliche Kategorien der Kritik genutzt, um Karikaturen zu erstellen. Im Sinne der Transparentmachung von Entscheidungen werden die unterschiedlichen Kategorien in den Kontextualisierungstexten zu den Karikaturen kenntlich gemacht.

Ironie (wie auch Satire und Zynismus) ist – wie in diesem Buch immer wieder deutlich wurde – auf unterschiedliche Weise mit Macht verbunden. Insofern erscheint es geboten, einige erklärende Worte zum Verhältnis von Panrelationalismus und Macht zu finden: Macht ist – diesem Verständnis nach – nicht mehr hierarchisch entwickelt, sondern relational, eine Erkenntnis, die nicht zuletzt auf Michel Foucault zurückgeht (unter anderem: Foucault, 1977, 2005). Insofern ist auch die Universität von multiplen Machtrelationen geprägt, Macht ist an einer Stelle (etwa ‚den Professoren') akkumuliert und fehlt an anderer Stelle (etwa den ‚Studierenden'), sondern differenziert sich in ‚Macht' und ‚Mindermacht' (Paris, 2005) und relationiert sich in veränderlichen Gefügen. So wird die Machtkonzentration bei Dozierenden durch zahlreiche Möglichkeiten des Einflusses von Studierendenvertretungen eingeschränkt und durch Prüfungsordnungen eingehegt. Gerade in Bezug auf die Karrieremöglichkeiten von Wissenschaftler~innen in mittleren Karrierephasen haben Studierende einen Einfluss auf den Fortgang der

Karriere: So werden studentische Lehrevaluationen in Berufungsverfahren herangezogen, um die Qualifikation von Kandidat~innen zu beurteilen. Angesichts dieser Relationalität von Machtbeziehungen, hier insbesondere bei Lehrevaluationen zum Ausdruck kommend, erwächst aus dem Thema der unterschiedlichen Erwartungen an ein wissenschaftliches Studium, ein vielversprechendes Thema satirischer Befassung. Auch Professor~innen sind von Machtbezügen abhängig, die sie in Netzwerke von Hochschulleitungen, Akademien, Begutachtungen von Forschungsanträgen und Manuskripten einbinden.

Somit lässt sich der Kritik entgegentreten, Satire und Zynismus seien ein Instrument von Macht, vielmehr lassen sie sich als „ein Verteidigungsmechanismus gegen die Mächtigen [verstehen]: wenn ich schon wenig Einfluss auf die Welt habe, so kann ich zumindest doch für mich denken und die Welt realistisch so betrachten, wie sie ist, ohne dass ich auch noch so denken und empfinden muss, wie diejenigen, die für andere das Moralkorsett schnüren" (Lisowski, 2023, S. 30). Hier schließt sich einerseits der Kreis zur Distanzierung zur Weltanschaulichen Kritik, andererseits ist das hier formulierte ‚realistisch' im neopragmatistischen Sinne nicht als ‚absolut Reales' zu verstehen, sondern als eine Beschreibung von Welt, die sich im intersubjektiven Austausch bewährt hat (Davidson, 2004).

3.3   Zugänge zum Feld und Erstellung von Karikaturen – methodische (Er-)Klärungen

Wie aus dem Vorangegangenen deutlich wurde, erwächst Satire (hier in Form von Karikaturen) aus Differenzen, etwa aus ‚hohen Zielen' und praktischen Herausforderungen, divergierenden Vorstellungen von dem zu Erstrebenden unterschiedlicher Parteien, von systemischen Anforderungen und lebensweltlicher Praxis, unterschiedlichen systemischen Anforderungen, aber auch der ‚inneren Berufung zur Wissenschaft' und der ‚Tragik', dass die Ergebnisse der eigenen Arbeit irgendwann überholt sein werden (M. Weber, 2011 [1919]; siehe auch Kasten 1). Diese Liste ließe sich umfassend erweitern. Um eine Kommunizierbarkeit einerseits für Personen herzustellen, die am Anfang ihres Weges einer wissenschaftlichen Laufbahn stehen, andererseits auch von Personen mit unterschiedlichen fachlichen Herkünften sicherzustellen, wurde der Weg einer alltagssprachlichen Übersetzung im Sinne von Hilary Putnam (1995) beschritten. Nur wenige Karikaturen setzen spezifische fachliche Kenntnisse voraus (dies betrifft dann insbesondere sozial- und kulturwissenschaftliche sowie philosophische Bezüge, die dann in dem textlichen Kontext genauer erläutert werden).

Wie mehrfach deutlich wurde, basiert dieses Buch nicht auf einer systematischen Erhebung, ich habe keine Interviews geführt, um Deutungsmuster von

Kolleginnen und Kollegen zu erfassen, ich habe keine Diskursanalyse auf Grundlage von Kommunikation in sozialen Medien durchgeführt, auch keine qualitative oder Inhaltanalyse in Bezug auf Zeitungen oder Homepages oder dergleichen und schon gar keine quantitative Erhebung, um abzuschätzen, wie groß die Anteile innerhalb einer Grundgesamtheit ist, die bestimmte Einschätzungen teilen und wie die Verhältnisse der Einschätzung in unterschiedlichen Phasen der Karriere, in Abhängigkeit von Gender oder vom biologischen Alter sind. Die Karikaturen sind Ergebnis einer zunehmend systematisierten (teilnehmenden) Beobachtung, die mit meinem Eintritt in das Studium zu Beginn der 1990er Jahre begann und mich – als wie heute die Bezeichnung ist – als späteren *First-Generation-Academic* mit einer mir völlig unbekannten Welt konfrontierte, die mit Routinen und Ritualen, Verhaltenserwartungen und Rollendifferenzierungen verbunden war, die sich einem Novizen kaum erschlossen – eine Erfahrung, die mir mehr als drei Jahrzehnte später den Anstoß gab, dieses Buch zu verfassen. Eine Systematisierung der Beobachtungen (noch immer aus der Perspektive eines nicht-nativen in der akademischen Welt) und deren Aufzeichnung habe ich seit Anfang der 2010er Jahre betrieben. Seit dieser Zeit entstand ein ‚Feldtagebuch‘ aus Beobachtungen und Reflexionen und Interpretationen aus unterschiedlichen theoretischen Perspektiven (die zentralen sind in Abschnitt 2.2 dargelegt und werden in den textlichen Kontextualisierungen der Karikaturen durch weitere ergänzt). Neben dem eigenen Erleben und Beobachtungen flossen die Ergebnisse zahlreicher Gespräche (und E-Mails) mit anderen Forschenden und Lehrenden, Verlagsmitarbeitenden, Verwaltungsmitarbeitenden, Studierenden und Personen, die außerhalb der Wissenschaft tätig sind, zu den entsprechenden Themen ein, wodurch sich eine gewisse konsensuale Validierung ergab. Diese wiederum wurde nun wiederum einer kritischen Reflexion unterzogen – schließlich geht es in dem Buch auch um das (selbst-)ironische Umgehen mit Stereotypen (und weniger um deren Reproduktion). Diese Arbeit mit dem ‚Feldtagebuch‘ und die Bearbeitung desselben habe ich im Sommer 2024 intensiviert, als klar wurde, dass ich die gesammelten Inhalte des ‚Feldtagebuchs‘ in Form von Karikaturen umsetzen werde (nicht zuletzt auf Anregung von Cori Mackrodt, der mich ‚betreuenden‘ Lektorin bei Springer VS).

Die Präsentation der Inhalte des ‚Feldtagebuchs‘ in Form von Karikaturen in einem Buch bietet im Vergleich zu der Alternative ‚Kabarett‘ (etwa als Video für einschlägige Plattformen) den Vorteil, dass die Einbettung in zugrunde liegende Überlegungen in intensiverer Weise erfolgen kann. Diese, bis dato gemachten textlichen Ausführungen, wäre in einem Internetvideo in dieser differenzierten Weise darstellerisch kaum praktikabel gewesen. Einen zentralen Ausschlag für die Darstellung in Form von Karikaturen hat wiederum die intensive Befassung mit (karto)graphischen Darstellungsformen auf Grundlage (neo)pragmatistischer Grundlage gegeben. Diese basiert ebenfalls auf den angestellten Überlegungen von Ironie als Haltung des Bewusstseins von Kontingenz von Selbst, Sprache und Gesellschaft (siehe Abschnitt 3.1). Dies haben wir (hierzu insbesondere: Kühne, 2013a, 2013b, 2024; Kühne et al., 2025; Kühne, Berr & Koegst, 2023; Kühne et al., 2024) in Form der Darstellung inverser Landschaften konkretisiert: Dabei haben wir Abbildungen von kontingenten als Landschaft verstehbaren Räumen im Auf- oder Grundriss (kartographisch) aufbereitet, knapp gefasst: Wir haben Landschaften dargestellt, die möglich, aber so bis dato nicht vorhanden sind. Um die Kontingenz dieser Darstellungen zu verdeutlichen, haben wir auf einen Comic-artigen Stil zurückgegriffen, den wir dem Stil der Ligne Claire des Belgischen Comic-Zeichners Georges Prosper Remi (alias Hergé) entlehnt haben. In dem vorliegenden Buch habe ich mich aber von dieser Darstellungsweise etwas entfernt. Zwar greife ich noch immer Flächen gleicher Farbe (oder Graustufe) mit Begrenzungslinien zurück (verzichte etwa auf Schummerungen), doch sind die Darstellungen deutlich detailreicher als im Ausgangsstil, insbesondere um räumliche Arrangements universitären Lebens nachvollziehbarer darstellen zu können.

Die praktische Umsetzung der Karikaturen erfolgte – nach Auswertung des ‚Feldtagebuchs' in drei Schritten:

1) Die vermerkten Erlebnisse wurden hinsichtlich der Frage geprüft, ob und inwiefern sie für eine Umsetzung als Karikatur geeignet sind. Anschließend habe ich eine Skizzierung von graphischen und textlichen Komponenten entworfen. Teilweise habe ich diese mit Kolleginnen und Kollegen besprochen, etwa wenn ich Zweifel hatte, ob eine intersubjektive Nachvollziehbarkeit gegeben ist.

2) Die Skizze wurde in eine Rohfassung der grafischen Grundlage überführt. Hierbei bin ich zwei Wege gegangen: a) Ich habe auf eigene Fotos zurückgegriffen, die sich entweder in meinem Fotofundus befanden oder die eigens angefertigt wurden. B) Die grafischen Elemente habe ich in Prompts umgesetzt und mit der Künstlichen Intelligenz (KI) DALL-E in einen Rohentwurf ungesetzt. Diese Umsetzung gestaltete sich einerseits durchaus komplex: Die KI setzte Prompts in der Regel nicht gemäß den darin gemachten Vorgaben um, sodass eine längere weitere Spezifizierung nötig wurde. Teilweise produzierte sie aber auch Lösungen, die meinerseits in dieser Form nicht konzipiert waren, aber dennoch das Aussageziel (teilweise besser) tragen und somit als Grundlage für Schritt 3 taugten. Andererseits wurden zahlreiche Karikaturen aus unterschiedlichen Rohkomponenten zusammengesetzt, d. h. die KI generierte nur unterschiedliche Kompartimente, die in Schritt 3 dann zusammengefügt wurden, die betrifft auch Kombinationen von Fotos und KI-generiertem Inhalt.

3) Das grafische Rohmaterial wurde der Bearbeitung in einem Grafikprogramm zugeführt. In diesem Falle CorelDraw SE in der Version 2021. Sämtliches Roh-

material habe ich in diesem Programm einer automatisierten Vektorisierung unterzogen, wobei Glättung, Kantenglättung wie Detailreichtum, abhängig vom Ausgangsmaterial und der angestrebten grafischen Gestaltung zugewiesen wurden. Diese wiederum variierte stark in Abhängigkeit der angestrebten Aussage von einer einfachen, stark reduzierten Schwarz-weiß-Darstellung über (dominante) Darstellungen in Graustufen unterschiedlichen Detaillierungsgrades bis hin zu farbigen Darstellungen, wenn sich allein über eine farbige Darstellung die gewünschte Atmosphäre erzeugen ließ. Anschließend wurden die konzipierten Texte – im einfachsten Falle – übertragen, teilweise modifiziert, teilweise neu verfasst. Die Texte sind allesamt von mir verfasst).

Dieser Prozess gestaltete sich dabei nicht (immer) linear, wie bereits im letzten Satz deutlich wurde: Die Gestaltung einer Karikatur stellt einen kreativen Prozess dar, in dem die Angemessenheit der Darstellung (grafischer und textlicher) stets revidierbar ist. Insofern bin ich häufiger zu vorangegangenen Schritten zurückgekehrt und habe Veränderungen vorgenommen – bis bin zu der Erzeugung einer komplett neuen graphischen bzw. textlichen Konzeption. Eine Stufe der Bewährung hatten die Karikaturen zu absolvieren, indem sie Kolleginnen und Kollegen vorgestellt wurden, woraus sich bisweilen weitere Überarbeitungen und sogar die Konzeption neuer Karikaturen ergaben*.

3.4 Resümee

Die universitäre Welt ist nur zu einem (kleinen) Teil eine wissenschaftliche Welt. Es dominieren häufig vielmehr Bezüge außer- und vorwissenschaftlicher Lebenspraxis, die in Teilen durch die Logiken zweckrationaler funktional differenzierter Systeme (Luhmann, 1984) flankiert werden. Hier erfolgt die Koordinierung nicht kommunikativ-intersubjektiv, sondern durch generalisierte Medien wie Macht (Politik) oder Recht (Jurisdiktion, Verwaltung). In der Logik des Systemischen erfolgt die Integration nicht über intendierte und normativ gesteuerte Verständigung, mit der „Handlungsorientierungen der Beteiligten aufeinander abgestimmt" werden (Habermas, 1995, S. 226), sondern über die „funktionale Vernetzung von Handlungs*folgen*" (Habermas, 1995, S. 226). Diese sind – besonders für die Handelnden – weder intendiert noch normativ gesteuert. Daher unterscheidet

---

*   Hierfür danke ich (unter anderem): Andreas Braun, Jan-Hendrik Kamlage, Ansgar Thiel, Petra Lohmann, Kai Schuster, Timo Sedelmeier, Helena Atteneder, Florian Weber, Sven Endreß, Karsten Berr, Robert Lämmchen, Dennis Edler, Martin Müller, Thomas Thiemeyer, Frank Dickmann, Franziska Müller, Corinna Jenal und Iris-Niki Nikolopoulos.

Habermas „zwischen Sozial -und Systemintegration" (Habermas, 1995, S. 226). Diese Integration ist dadurch gekennzeichnet, dass „die eine setzt an den Handlungsorientierungen an[setzt], durch die die andere hindurchgreift. Im einen Fall wird das Handlungssystem durch einen, sei es normativ gesicherten oder kommunikativ erzielten Konsens, im anderen Fall durch die nicht-normative Steuerung von subjektiv unkoordinierten Einzelentscheidungen integriert" (Habermas, 1995, S. 226). In der universitären Welt durchdringen sich das Lebensweltliche und das Systemische, wobei das Systemische im Plural zu verstehen ist, denn ‚Universität' entwickelt sich unter dem Einfluss unterschiedlicher systemischer Logiken, deren Ziele nicht zwingend kongruent sind. Sowohl aus dem Spannungsfeld des Ineinandergreifens von Lebenswelt und System als auch den Folgen der Gebundenheit an unterschiedliche Logiken ergeben sich spezifische Entwicklungen im universitären Kontext, die häufig widersprüchlich sind und (auch für langjährig in Universitäten Tätigen) eine gewisse Skurrilität aufweisen – deren Begegnung mit einer gewissen (Selbst)Ironie im Bewusstsein von Kontingenz (Rorty, 2009 [1989] zur Gelassenheit mit dem Erlebenskontext beiträgt. Scheitern gehört hier zur Tagesordnung und ist alltäglich präsent, in unterschiedlichen Intensitätsgraden. Insofern verfolgt dieses Buch auch das Ziel, eine Unterstützung zu bieten, die Intensitätsgrade einzuschätzen und – hier wird der neopragmatistische Ansatz deutlich – möglichst zur kreativen Selbsterschaffung und kreativen Teilhabe in den jeweiligen Kontexten zu nutzen.

Ironie stellt eine bedeutende Haltung neopragmatistischer Kommunikation dar. In diesem Buch kommt sie in Satire zum Ausdruck und wird in Form von Karikaturen operationalisiert. Das mit dem Denken von Richard Rorty eng verknüpfte neopragmatistische Verständnis von Ironie lässt sich als Ausdruck des Bewusstseins für die Kontingenz von Sprache, Selbst und Gesellschaft verstehen. Die dieses Bewusstsein verkörpernde Figur ist für Rorty die ‚liberale Ironikerin', die erkennt, dass ihre zentralen Überzeugungen nicht auf letztgültige Wahrheiten bezogen sind, sondern auf historisch und kulturell gewachsene Vokabulare. Die mit dieser Bewusstheit einhergehende Haltung der Ironie ermöglicht eine spielerische, reflektierte Distanzierung vom eigenen Denken, aber auch von Vokabularen, und schafft Raum für alternative Perspektiven. Ironie indes lässt sich gesellschaftlich nicht als neutral verstehen: Sie setzt kulturelles, soziales und ökonomisches Kapital voraus. Diese Differenzierung ist insbesondere in akademischen Kontexten von Bedeutung, in denen spezifische Vokabulare und Praktiken vorausgesetzt werden, um Ironie angemessen interpretieren zu können. Diese Abhängigkeit von symbolischem Kapitel birgt stets die Gefahr distinktiver Kommunikation von Ironie. Diese wird in diesem Buch verringert, da Ironie hier stark selbstironische Züge trägt, die phänomenologisch geprägt ist und somit stets an das universitäre Alltags(er)leben rückgebunden ist. Die präsentieren Karikaturen sind die eines

Hochschullehrers (und früherem Studierenden), der seine Erlebnisse in Lehre, Selbstverwaltung und Forschung verarbeitet, als Person, die sich als ehrenamtlicher Vorsitzender in einer wissenschaftlichen Akademie tätig ist, zahlreichen Herausgeberschaften von Zeitschriften (auch federführend) angehört. Um es metaphorisch zu formulieren: Es ist aus einer Perspektive entstanden, die mit der eines Mechanikers im Maschinenraum des Tankers akademischer Institutionen zu finden ist. Insofern ist die Position stark eingebunden in machtrelationale Prozesse, die in diesem Buch reflektiert werden. Ein weiterer Aspekt, der eine Manifestierung der Gefahr distinktiver Ironie verringert, ist die (dominante) Übersetzung in eine alltägliche Sprache (sowohl textlich wie auch bildlich). Zudem ist das Zielpublikum eines, das sich mit akademischem Leben befassen will oder – infolge seiner Integration – auch muss.

Satire, und in diesem Buch speziell Karikaturen, knüpfen an ein neopragmatistisches Verständnis von Ironie an, Kontingenz zu ergründen und zu erweitern (was wiederum, wie oben angesprochen, individuell abhängig von der Ausstattung an symbolischen Kapital ist). Ironie in diesem Sinne macht sich die Fähigkeit zur Reflexion über gesellschaftliche Normen und akademische Gepflogenheiten zunutze, verbunden mit dem Ziel, auf Widersprüche und Skurrilitäten – hier des akademischen Lebens – aufmerksam zu machen. Dabei arbeiten Karikaturen mit Stereotypen und prototypischen Vorstellungen, die beim Publikum vorausgesetzt werden (können). Dies ist wiederum eine notwendige Voraussetzung, diese Vorstellungen ironisch zu brechen und so kontingente Vorstellungen zu entwickeln. Satire ist durchaus eine Form der Kritik. Diese Grundlagen dieser Kritik sind – wie auch die (moralischen) Grundlagen von Satire im Speziellen – im Sinne der Transparenz offenzulegen. Die Karikaturen dieses Buches sind Ausdruck verschiedener Formen von Kritik. Diese reicht von der Binnenkritik, die sich auf interne wissenschaftliche Maßstäbe bezieht, über eine Kritik aus der Kontextualisierung, die sich auf wissenschaftliche Maßstäbe bezieht, die etwa im Hintergrund gelagert sind (hier prominent das Wissenschaftsverständnis von Max Weber) bis zur lebenspragmatischen Kritik, die sich auf die praktische Relevanz wissenschaftlicher Erkenntnisse konzentriert. Die Karikaturen dieses Bandes bedienen sich insbesondere der Binnenkritik und der lebenspragmatischen Kritik, um akademische Routinen, Denkkonventionen und institutionelle Strukturen offen zu legen und zu kontingenten Sichtweisen und gegebenenfalls auch Überlegungen zu alternativen Handlungen anzuregen. Zugleich erfolgt auch ein Bezug zu Kontextualisierung, um Entwicklungen, Argumentationsmuster und Theoriedebatten zu anderen Perspektiven zu relationieren. Eine gewisse Relevanz weist auch die Kritik der Folgen und unintendierten Nebenfolgen auf, um zu verdeutlichen, dass auch Handeln in akademischen Kontexten nicht allein eine simple Ursachen-Wirkungsverkettung darstellt. Weniger Präsenz weisen die metatheoretische Kritik im Kontext der Karikaturen auf (die metatheoretische Reflexion erfolgte früher im Buch, insbesondere in Abschnitt 2.1) und die weltanschauliche Kritik, die mit ihrer starken Verwurzelung in nicht explizit gemachten allgemeinen normativen Bindungen nicht dem Transparenz- und Rechtfertigungsgrundsatz des Neopragmatismus entspricht.

Die Erstellung der Karikaturen wiederum basiert auf einer systematisierten teilnehmenden Beobachtung, die sich über mehrere Jahrzehnte meines Weges im akademischen Feld erstreckt. Dabei wurden – zunehmend systematisch – Erfahrungen, Reflexionen, Elemente aus Gesprächen mit Wissenschaftlerinnen und Wissenschaftlern, Studierenden, Personen aus der Verwaltung wie auch Personen aus dem akademischen Umfeld in ein ‚Feldtagebuch‘ überführt. Dieses wiederum diente als Grundlage für die Umsetzung in Karikaturen. Diese Umsetzung wiederum erfolgte in mehreren Schritten: Die Selektion geeigneter Themen über die grafische Gestaltung bis hin zur Integration von Text und Bild. Dabei wurde neben eigenen Fotos auch auf eine graphische Rohgestaltung von Grafiken mittels KI zurückgegriffen, die mittels CorelDraw vektorisiert und weiterverarbeitet wurden.

Die Wahl der Karikaturen als Darstellungsform von Satire bringt spezifische Vorteile mit sich: Im Vergleich zu kabarettistischen Formaten, erleichtert die Karikatur eine Verbindung von Bild und (über sie hinausgehenden) Text. So wird eine intensivere Einbettung in theoretische und methodologische Überlegungen möglich. Sie ermöglichen einen visuellen Zugang zu komplexen Themen, wodurch Zusammenhänge in weniger linearer Weise dargestellt werden können als dies bei rein textbasierten Darstellungen möglich wäre (Nassehi, 2024). Zugleich bleibt eine bildliche Darstellung offen für Interpretationen, auch in der Verbindung zu Texten (wodurch wiederum das Potenzial der Kontingenzweitung steigt). Durch kontingente Interpretationen ist sie in der Lage, als Einladung zur Reflexion und Diskussion zu fungieren.

Somit sind Karikaturen in besonderer Weise geeignet, auf zentrale Prinzipien der neopragmatistischen Ironie zurückzugreifen, die sich durch Offenheit für Perspektivenwechsel, ein kritisches Hinterfragen vermeintlicher Selbstverständlichkeiten wie auch – wie deutlich wurde – der Weitung von Kontingenz auszeichnet. Kurz gefasst, verstehe ich Karikaturen in neopragmatistischen Sinne als Werkzeuge kontingenter Welterschließung mittels eines ironischen Blicks.

Literaturverzeichnis

Aristoteles. (2001 [ca. 335–322 v. u. Z.]). *Die Nikomachische Ethik: Griechisch-deutsch.* Übersetzt von Olof Gigon, neu herausgegeben von Rainer Nickel. Artemis & Winkler.

Berger, P. L. (2017 [1963]). *Einladung zur Soziologie: Eine humanistische Perspektive* (2., ergänzte Auflage). UVK; UVK/Lucius. (Erstveröffentlichung 1963)

Berr, K. & Kühne, O. (2024). Moral und Ethik von Landschaft. In O. Kühne, F. Weber, K. Berr & C. Jenal (Hrsg.), *Handbuch Landschaft* (2. Aufl., 647–662). Springer VS.

Berr, K., Lohmann, P. & Kühne, O. (2023). The Contributions of Philosophy and the Social Sciences to Landscape Conflict Research – A Critical Comparison. *Sustainability, 15*(24), 16802. https://doi.org/10.3390/su152416802

Boltanski, L. (2010). *Soziologie und Sozialkritik.* Frankfurter Adorno-Vorlesungen 2008. Suhrkamp.

Bourdieu, P. (2005 [1983]). Ökonomisches Kapital – Kulturelles Kapital – Soziales Kapital. In P. Bourdieu (Hrsg.), *Die verborgenen Mechanismen der Macht* (S. 49–80). VSA.

Bourdieu, P. (2016). *La distinction: Critique sociale du jugement. Le Sens commun.* Editions de Minuit.

Brandom, R. B. (2001). *Making it explicit: Reasoning, representing, and discursive commitment* (4. print). Harvard Univ. Press.

Dadlez, E. M. (2011). Truly Funny: Humor, Irony, and Satire as Moral Criticism. *The Journal of Aesthetic Education, 45*(1), 1–17.

Dahrendorf, R. (1968). *Pfade aus Utopia: Arbeiten zur Theorie und Methode der Soziologie.* Piper.

Davidson, D. (2004). *Subjektiv, intersubjektiv, objektiv.* Suhrkamp.

Foucault, M. (1977). *Überwachen und Strafen: Die Geburt des Gefängnisses* (W. Seitter, Übers.). Suhrkamp.

Foucault, M. (2005). *Analytik der Macht* (R. Ansén, M. Bischoff, H.-D. Gondek, H. Kocyba & J. Schröder, Übers.) (D. Defert & F. Ewald, Hg.). Suhrkamp.

Gethmann, C. F. (Hrsg.). (1991). *Neuzeit und Gegenwart: Bd. 1. Lebenswelt und Wissenschaft: Studien zum Verhältnis von Phänomenologie und Wissenschaftstheorie.* Bouvier.

Gethmann, C. F., Bottek, J. C. & Hiekel, S. (Hrsg.). (2011). *Lebenswelt und Wissenschaft: XXI. Deutscher Kongreß für Philosophie 15. – 19. September 2008 an der Universität Duisburg – Essen.* Kolloquienbeiträge. Felix Meiner Verlag.

Grau, A. (2010). Von Witz, Humor und anderen komischen Dingen. *tv diskurs, 14*(2), 18–23.

Grau, A. (2017). *Hypermoral: Die neue Lust an der Empörung* (2. Aufl.). Claudius.

Habermas, J. (1995). *Theorie des kommunikativen Handelns: Band II. Zur Kritik der funktionalistischen Vernunft.* Suhrkamp.

Horkheimer, M. (1977 [1937]). *Traditionelle und kritische Theorie: Fünf Aufsätze.* Fischer.

Horkheimer, M. & Adorno, T. W. (1969). *Dialektik der Aufklärung: Philosophische Fragmente.* Fischer.

Husserl, E. (1954). *Die Krisis der europäischen Wissenschaften und die transzendentale Phänomenologie: Eine Einleitung in die phänomenologische Philosophie.* Herausgegeben von Walter Biemel. *Husserliana: Bd. 6.* Martinus Nijhoff.

Husserl, E. (2008). *Die Lebenswelt: Auslegungen der vorgegebenen Welt und ihrer Konstitution.* Texte aus dem Nachlass (1916–1937). Springer. https://doi.org/10.1007/978-1-4020-6477-7

Jaeggi, R. (2009). Was ist Ideologiekritik? In R. Jaeggi & T. Wesche (Hrsg.), *Was ist Kritik?* (S. 266–298). Suhrkamp.

Janich, P. (2011). Handwerk und Mundwerk: Lebenswelt als Ursprung wissenschaftlicher Rationalität. In C. F. Gethmann, J. C. Bottek & S. Hiekel (Hrsg.), *Lebenswelt und Wissenschaft: XXI. Deutscher Kongreß für Philosophie 15.–19. September 2008 an der Universität Duisburg – Essen. Kolloquienbeiträge* (S. 678–691). Felix Meiner Verlag.

Joas, H. (2016 [1992]). *Pragmatismus und Gesellschaftstheorie* (3. Aufl.). *Suhrkamp-Taschenbuch Wissenschaft: Bd. 1018.* Suhrkamp.

Kaenel, P. (2010). *Karikatur.* https://hls-dhs-dss.ch/de/articles/015855/2010-09-09/

Kant, I. (1959 [1781]). *Kritik der reinen Vernunft.* Felix Meiner Verlag.

Korf, B. (2022). *Schwierigkeiten mit der kritischen Geographie: Studien zu einer reflexiven Theorie der Gesellschaft. Sozial- und Kulturgeographie: Band 57.* transcript. https://doi.org/10.14361/9783839462300

Kühne, O. (2013a). Landschaft zwischen Objekthaftigkeit und Konstruktion – Überlegungen zur inversen Landschaft. In D. Bruns & O. Kühne (Hrsg.), *Landschaften: Theorie, Praxis und internationale Bezüge: Impulse zum Landschaftsbegriff mit seinen ästhetischen, ökonomischen, sozialen und philosophischen Bezügen mit dem Ziel, die Verbindung von Theorie und Planungspraxis zu stärken* (S. 181–193). Oceano Verlag.

Kühne, O. (2013b). Landschaftsästhetik und regenerative Energien – Grundüberlegungen zu De- und Re-Sensualisierungen und inversen Landschaften. In L. Gailing & M. Leibenath (Hrsg.), *Neue Energielandschaften – Neue Perspektiven der Landschaftsforschung* (S. 101–120). Springer VS.

Kühne, O. (2018). Die Moralisierung von Landschaft – Überlegungen zu einer problematischen Kommunikation aus Sicht der Luhmannschen Systemtheorie. In S. Hennecke, H. Kegler, K. Klaczynski & D. Münderlein (Hrsg.), *Diedrich Bruns wird gelehrt haben: Eine Festschrift* (S. 115–121). Kassel University Press.

Kühne, O. (2024). *Redescribing Horizontal Geographies: A Neopragmatist Approach to Spatial Contingency, Complexity, and Relationships.* Springer International.

Kühne, O., Berr, K., Edler, D., Lohmann, P. & Schuster, K. (2025). *Neopragmatismus – inverse Landschaft – (karto)graphische Darstellung: Von der Kritik zur Weiterentwicklung.* Springer VS.

Kühne, O., Berr, K. & Jenal, C. (2022). *Die geschlossene Gesellschaft und ihre Ligaturen: Eine Kritik am Beispiel ‚Landschaft'.* Springer VS.

Kühne, O., Berr, K. & Koegst, L. (2023). Contingency and Landscape: Basic Considerations on Graphic and Cartographic Representations in Recourse to the Concept of Inverse Landscapes as a Contribution to Deviant Cartographies with Examples on Louisiana. *KN – Journal of Cartography and Geographic Information,* 1–12. https://doi.org/10.1007/s42489-023-00145-7

Kühne, O., Berr, K. & Lohmann, P. (2023). *Landschaft zwischen Philosophie und Sozialwissenschaften: Eine Kritik.* Springer Fachmedien; Springer VS.

Kühne, O., Koegst, L. & Berr, K. (2024). *Oilscapes of Louisiana – Neopragmatic Reflections on the Ambivalent Aesthetics of Landscape Constructions.* Springer Fachmedien.

Lisowski, R. (2023). *Unter Druck: Westliche Demokratie zwischen innerer Überforderung und äußerer Herausforderung. Politik & Kultur: Bd. 16.* LIT.

Luhmann, N. (1984). *Soziale Systeme: Grundriß einer allgemeinen Theorie.* Suhrkamp.

Luhmann, N. (1990). *Die Wissenschaft der Gesellschaft.* Suhrkamp.

Luhmann, N. (1993). Die Moral des Risikos und das Risiko der Moral. In G. Bechmann (Hrsg.), *Risiko und Gesellschaft: Grundlagen und Ergebnisse interdisziplinärer Risikoforschung* (S. 327–338). Westdeutscher Verlag.

Luhmann, N. (2016). *Die Moral der Gesellschaft* (D. Horster, Hg.) (4. Aufl.). Suhrkamp.

Marquard, O. (2007). Freiheit und Pluralität. In *Skepsis in der Moderne: Philosophische Studien* (S. 109–123). Reclam.

Menze, N. (2024). *Zur Anatomie der Karikatur Menze Nadia.* Alibri.

Mittelstraß, J. (1991). Das lebensweltliche Apriori: Paul Lorenzen zum 70. Geburtstag. In C. F. Gethmann (Hrsg.), *Lebenswelt und Wissenschaft* (S. 114–142).

Mittelstraß, J. (Hrsg.). (2004). *Enzyklopädie Philosophie und Wissenschaftstheorie* (unveränderte Sonderausgabe, 2, H–O). J. B. Metzler.

Müller, M. (2014). *Private Romantik, öffentlicher Pragmatismus? Richard Rortys transformative Neubeschreibung des Liberalismus* (1st ed.). *Edition Moderne Postmoderne.* transcript. https://elibrary.utb.de/doi/book/10.5555/9783839420416

Müller, M. (2021). *Rorty lesen.* Springer VS.

Müller-Salo, J. (2020). *Klima, Sprache und Moral: Eine philosophische Kritik.* Philipp Reclam jun.

Nassehi, A. (2024). *Kritik der großen Geste: Anders über gesellschaftliche Transformation nachdenken.* C. H. Beck.

Paris, R. (2005). *Normale Macht: Soziologische Essays.* UVK.

Platthaus, A. (2016). *Das geht ins Auge: Geschichten der Karikatur.* AB – Die Andere Bibliothek GmbH & Co. KG.

Popper, K. R. (1963). *Conjectures and refutations: The growth of scientific knowledge.* Routledge & Kegan.

Popper, K. R. (1992). *Die offene Gesellschaft und ihre Feinde: Falsche Propheten – Hegel Marx und die Folgen* (7. Aufl., Bd. 2). J. C. B. Mohr. (Erstveröffentlichung 1945)

Putnam, H. (1995). *Pragmatism: An Open Question.* Blackwell.

Rorty, R. (1989). *Kontingenz, Ironie und Solidarität.* Suhrkamp.

Rorty, R. (1997 [1989]). *Contingency, Irony, and Solidarity.* Cambridge University Press. https://doi.org/10.1017/CBO9780511804397

Rorty, R. (2009 [1989]). *Contingency, irony, and solidarity* (28. Aufl.). Cambridge University Press.

Schlegel, F. (1796–1806/1963). *Philosophische Lehrjahre: 1796–1806: Nebst philosophischen Manuskripten aus den Jahren 1796–1828* (E. Behler, Hg.). Schöningh. (Erstveröffentlichung 1796–1806)

Schütz, A. & Luckmann, T. (2003 [1975]). *Strukturen der Lebenswelt.* UTB.

Stahl, T. (2013). *Immanente Kritik: Elemente einer Theorie sozialer Praktiken*. Campus.

Stederoth, D. (2011). Kritik. In P. Kolmer & A. G. Wildfeuer (Hrsg.), *Neues Handbuch philosophischer Grundbegriffe* (Bd. 2, S. 1346–1357). Alber.

Stegemann, B. (2018). *Die Moralfalle: Für eine Befreiung linker Politik*. Matthes & Seitz.

Tautz, B. (2023). Klassiker der Ironie als Lebensform (Sokrates, Kierkegaard). In M. Müller (Hrsg.), *Handbuch Richard Rorty* (S. 443–458). Springer Fachmedien.

Waldenfels, B. (2005). *In den Netzen der Lebenswelt* (3. Aufl.). Suhrkamp.

Weber, B. (2023). Die liberale Ironikerin: Von der politischen Intellektuellen zur realistischen Träumerin. In M. Müller (Hrsg.), *Handbuch Richard Rorty* (S. 883–899). Springer Fachmedien.

Weber, M. (1976 [1922]). *Wirtschaft und Gesellschaft. Grundriß der verstehenden Soziologie*. Mohr Siebeck.

Weber, M. (1988). *Gesammelte Politische Schriften von Max Weber* (J. Winckelmann, Hg.) (5. Aufl.). Mohr Siebeck.

Weber, M. (2011 [1919]). *Wissenschaft als Beruf* (11. Aufl.). Duncker & Humblot.

Welter, R. (1986). *Der Begriff der Lebenswelt: Theorien vortheoretischer Erfahrungswelt. Übergänge: Bd. 14*. Fink.

Wirth, U. (2017). Ironie. In U. Wirth (Hrsg.), *Komik: Ein interdisziplinäres Handbuch* (S. 16–21). J. B. Metzler. https://doi.org/10.1007/978-3-476-05391-6_4

Das universitäre Leben in Karikaturen – ein ironischer Blick auf das kleine und große Scheitern

4

Nach der Darlegung der diesem Buch zugrunde liegenden Überlegungen, metatheoretisch, theoretisch, konzeptionell wie methodisch, widmet sich dieses Kapitel nun der Vorstellung der Karikaturen zum universitären Leben. Dieses Kapitel gliedert sich in Unterkapitel, die nicht als distinkte Kategorien zu verstehen sind. Zahlreiche Karikaturen ließen sich mehreren Überschriften zuordnen. Insofern dienen die Überschriften eher einer ungefähren Orientierung, auch weisen die Bezugnahmen keinen Anspruch auf Vollständigkeit auf, die Karikaturen sind – wie mehrfach dargestellt – insbesondere das Ergebnis (teilnehmender) Beobachtung, Reflexion und Austausch mit Forschenden, Lehrenden, Verwaltenden, Lektorierenden, Studierenden, Menschen ohne oder mit einem geringen Bezug zum universitären Leben, insofern dominiert eine Dimension des Erlebens und die Ergebnisse sind von einer subjektiven Bezugnahme geprägt. Einen Schwerpunkt bildet die Perspektive von Forschenden und Lehrenden. Dies hat weniger mit meiner Tätigkeit als Forschender und Lehrender zu tun (das auch an unterschiedlichen Hochschulen, Universitäten und Fachhochschulen, und in unterschiedlichen Positionen, von Lehrbeauftragter, Privatdozent, Stiftungsprofessor, ordentlicher Professor, außerplanmäßiger Professor, Gastprofessor), sondern in besonderer Weise mit dem Ziel des Abbaus der Asymmetrie von Vertrautheit. Als nun ordentlicher Professor habe ich persönlich die unterschiedlichsten Stufen der akademischen Laufbahn erlebt (und in Teilen erlitten), insofern fällt der Nachvollzug der Situation von Personen, die diese Laufbahn noch nicht in Gänze durchschritten haben leichter als die Welt jener Hinterbühne zu erfahren, die sich noch nicht vollständig erschlossen hat.

49

Wie im vorangegangenen Kapitel 3 deutlich wurde, verstehe ich Karikaturen als Werkzeug kontingenter Welterschließung mit Hilfe des Mittels der Ironie. Sie erkennt kein privilegiertes Vokabular an (Brandom, 2000; Putnam, 1997) und gestaltet sich „notwendig antiautoritär" (Platthaus, 2016, S. 13). In einer Zeit, in der ein szientistisches Vertrauen auf die ‚Wahrheitsproduktion' von (Natur-)Wissenschaft auf der einen und Wissenschaftsverachtung auf der anderen Seite zunehmen (Gethmann, 2009; Kühne & Berr, 2021; Mittelstraß, 2004), erscheint eine Zuwendung zur Frage der Bedingungen der Entstehung wissenschaftlichen Wissens hilfreich für die Einschätzung, wozu Wissenschaft imstande ist, wozu eben auch nicht.

Wie jedes andere Werkzeug, können auch Karikaturen in nicht intendiertem Sinne ge- bis missbraucht werden. Wie bei anderen Werkzeugen auch, obliegt es der Abwägung, ob der intendierte Zweck die Gefahr der missbräuchlichen Verwendung rechtfertigt. Ich halte die Unterstützung von Menschen, sich im universitären Leben zurechtzufinden, für einen solchen Zweck, zugleich möchte ich mich (quasi präventiv) vor der Verwendung von meinen Karikaturen in Kontexten verwehren, die gegen die neopragmatistische Vergrößerung des ‚Wirs' gerichtet sind oder deren Ziel in der Abschaffung oder Einschränkung der offenen Gesellschaft besteht.

Dieses Kapitel gliedert sich in sieben Abschnitte, die nach der Logik angeordnet sind, zunächst jenes ausgeprägter zu thematisieren, was Menschen geläufiger ist, die primär mit der Vorderbühne des universitären Betriebs vertraut sind, dies betrifft einerseits die Lehre (Abschnitt 4.1) und das Verhältnis von Politik und Universität (4.2). In Abschnitt 4.3 erfolgt dann eine genauere Inaugenscheinnahme des universitären Betriebs auf diversen Hinterbühnen. Die Auseinandersetzung mit unterschiedlichen Intensitäten des Scheiterns ist ein Thema, das dieses Buch durchzieht, in Abschnitt 4.4 werden Aspekte des ‚größeren' Scheiterns thematisiert, die letztlich auf ein System kleiner Scheiternsprozesse gründen. Danach wende ich mich in Abschnitt 4.5 den Inhalten von Wissenschaft zu (hier meiner Ausrichtung folgend, insbesondere sozial- und geisteswissenschaftlichen Perspektiven). Das Leben in und mit Wissenschaft ist häufig mit spezifischen Nebenfolgen verbunden, in Abschnitt 4.6 wird dies insbesondere anhand der Teilnahme am Verkehr und sozialem Leben thematisiert. Abschnitt 4.7 widmet sich wieder expliziter dem Scheitern, hier dem ‚kleinen' alltäglichen Scheitern. Ein Hinweis in eigener Sache: Die Gliederung entstand ex-post. D.h. erst lagen die Karikaturen vor, teilweise mit ihren Begleittexten und wurden dann zugeordnet. An der einen oder anderen Stelle wäre auch eine andere Zuordnung möglich gewesen.

4.1 Die Wirrnisse der Lehre –
und was damit zusammenhängt

Beginnen wir mit dem Komplex, der außerhalb der Universität in besonderer Weise mit dieser in Verbindung gebracht wird und als Eindruck und Anspruch auch bei Studierenden in besonderer Weise (lange) präsent bleibt: die Universität als Lehrbetrieb. Dass Lehre nur einen Teil des universitären Lebens darstellt, erschließt sich in der Regel erst allmählich (insbesondere bei beruflicher Integration in den universitären Betrieb). Insofern folgt dieser Abschnitt auch dem ‚klassischen' Einstieg in das universitäre Leben. Die soziale Konstruktion von Erwartungen seitens Studierender wird in regelmäßig durchgeführten Evaluierungen von Lehrveranstaltungen deutlich. Dies gilt für quantitative Bewertungen (es wird nahezu immer eine zu hohe Arbeitsbelastung beklagt), mehr noch für qualitative Bewertungen, wenn Studierende im Freitext ihre Kritik, aber auch Zustimmung, insbesondere Verbesserungsvorschläge anonym äußern können. Diese Praxis hat sich mittlerweile an (deutschen) Hochschulen etabliert, dabei hat die studentische Lehrevalution zwei zentrale Ziele, erstens, die Verbesserung der Lehre (ob hinsichtlich der Rahmenbedingungen oder des individuellen Lehrverhaltens von Dozierenden) und zunehmend, zweitens, der Nachweis der individuellen Lehrbefähigung, insbesondere bei Berufungsverfahren. Dabei bestehen durchaus Herausforderungen der Umsetzung, da es etwa zu Verzerrungen durch die Unbeliebtheit eines Veranstaltungsgegenstandes bei Studierenden, einen hohen Schwierigkeitsgrads des behandelten Gegenstandes, aber auch persönlicher Sympathie und Antipathie, gruppenbezogenen Vorurteilen etc. kommen kann (mehr dazu etwa bei: Rindermann, 2003, 2016; Wolbring, 2013). Für ein Buch, dass sich mit Karikaturen dem universitären Betrieb – hier den Lehrkontexten – widmet, sind allerdings Fragen der Gütekriterien quantitativer Sozialforschung weniger zentral.

Eine Erfahrung, die Studierende im ersten Semester im universitären Lehrbetrieb häufig machen, ist einerseits der Drang zur Abstraktion, anderseits zu einer detailbezogenen Analyse. Beide Bezüge entsprechen einem vorwissenschaftlichen, lebensweltlichen Zugriff auf Welt nur in Ausnahmefällen. Insofern dokumentiert sich die Sehnsucht nach geringkomplexen Darstellungen in Lehrevaluationen. Diese unterschiedlichen Perspektiven auf didaktische Reduktion findet sich in Abbildung 2 ironisiert. In diesem Fall in einem synthetischen Rückgriff auf die in studentischen Lehrevaluationen immer wieder zu findenden Anregungen, mehr mit Videos zu arbeiten und Sachverhalte in weniger komplexer Form darzustellen. Dies wiederum ist mit einer doppelten Herausforderung verbunden, einerseits für Lehrende, Studierende allmählich an die Komplexität von Phänomenen heranzuführen, andererseits für Studierende, anzuerkennen, dass sich Welt in zunehmender Weise komplex entwickelt und starke Entkomplexisierungen zwar ein Verständnis suggerieren können, aber häufig nicht zur Lösung von (komplexen) Problemen führen (eher im Gegenteil). Vollzogen wird hier eine Binnenkritikerwartung aus dem Kontext heraus: Es besteht einerseits die Erwartung Komplexität zu mindern, im Sinne der Zuschreibung adressatengerechte Lehre absolvieren zu wollen, andererseits besteht die Erwartung, sich auf dem Weg akademischer Bildung mit Komplexität (konstruktiv) auseinanderzusetzen.

Didaktische Reduzierung aus Dozierendensicht...

...deren Notwendigkeit in dieser Form bei Studierenden auf Zweifel stoßen kann:

Abbildung 2 Unterschiedliche Verständnisse von angemessenen Darstellungen seitens von Lehrenden und Studierenden (Idee, Text und graphische Bearbeitung: Olaf Kühne, auf Grundlage KI-generierter graphischer Vorlagen (DALL-E)).

Aus demselben Themenspektrum speist sich auch Abbildung 3, hier bleiben unterschiedliche Vorstellungen darüber, was im Selbststudium durch Studierende erfolgen soll, indes impliziter. Auch diese Karikatur ist das Ergebnis aus Überlegungen, die sich aus studentischen Lehrevaluationen ergaben (und dem anschließenden Austausch mit Studierenden und Lehrenden). Ausgangspunkt ist das auf Partys bis heute noch immer wieder gespielte Lied „Das schlimmste ist, wenn das Bier alle ist" der Punkband ‚Die Kassierer' aus Bochum-Wattenscheid. Die Ironie erwächst nicht zuletzt aus der Trivialität der Problematisierung, sowohl im alltagsweltlichen wie im akademischen Kontext. Auch hier trifft eine Binnenkritikerwartung auf die Kritik aus dem Kontext: Die unter Lehrenden gemeinhin geteilte (häufig gescheiterte) Erwartung, eine studentische intrinsische Motivation ließe diese einschlägige (Lehr-)Bücher (wie auch Fachartikel, Forschungsberichte etc. lesen). Zur Karikatur selbst: Die für die KI typische Schwäche einer angemessenen Kontextualisierung der Bildelemente, habe ich in dem unteren Bild beibehalten (hier des Dozenten nicht nur auf dem Pult, sondern auch noch auf Büchern stehend), habe ich nicht mittels des Einsatzes der Grafiksoftware behoben, um das (durchaus in Teilen vorhandene) Engagement von Lehrpersonen zu verdeutlichen (zudem unterstreicht es die Absurdität der Situation).

Die feinen Unterschiede:
zwischen einem Konzert der Punk-Gruppe ‚Die Kassierer'...

...und dem Hörsaal einer Universität.

Abbildung 3 Unterschiedliche Auffassungen darüber, was als angemessener Aufwand, jenseits der Kontaktzeit zwischen Dozierenden und Studierenden, gelten kann (Idee, Text und graphische Bearbeitung: Olaf Kühne, auf Grundlage KI-generierter graphischer Vorlagen (DALL-E)).

Auch in Abbildung 4 werden unterschiedliche Erwartungen an das Geschehen im Hörsaal deutlich, hier explizit durch den Dozenten formuliert. Die Unterhaltung hat sich in ähnlicher Weise in meiner Lehrpraxis zugetragen und musste nur noch grafisch übersetzt werden. Hintergrund ist die Tendenz zu Alternativtätigkeit, was nicht allein Studierende betrifft, sondern durchaus Online- wie auch Präsenzbesprechungen, in denen sich Beteiligte häufig hinsichtlich ihrer Multitasking-Fähigkeiten überschätzen, etwa wenn Hinter- und Vorderbühnenaktivitäten synchronisiert werden sollen. Unintendierte Nebenfolgen finden sich nicht allein in der Steigerung der Ineffizienz von Kommunikationsprozessen (wie abgebildet), sondern auch häufig abnehmendem Lernerfolg wie auch Missverständnissen (etwa, was als Ergebnis einer Besprechung gelten kann). Schon mal als Hinweis: Das Thema der (auch unvollständigen) Digitalisierung universitärer Prozesse wird uns in zahlreichen Karikaturen begleiten.

Abbildung 4 Unterschiedliche Erwartungen an die geistige Präsenz in Lehrveranstaltungen (Idee, Text und graphische Bearbeitung: Olaf Kühne, auf Grundlage KI-generierter graphischer Vorlagen (DALL-E)).

Auch die folgende Karikatur (Abbildung 5) bezieht sich auf unterschiedliche soziale Konstruktionen in Bezug auf ein Seminar, wobei hier auch die Ebene der Kritik der Lebenspraxis (hier der des Arbeitslebens) hineinreicht (nicht allein die Erwartungen an eine Binnenkritik). Hintergrund sind wiederum freie Äußerungen aus einer Lehrevaluation (in diesem Falle einer Lehrveranstaltung, in denen Studierende Forschungsthema, theoretische Zugriffe darauf, das Forschungsdesign und die Durchführung frei entwickeln konnten). Die (bittere) Ironie zielt hier auf die vielfache aus Gesprächen mit Studierenden im Kontext der Betreuung von Abschlussarbeiten geäußerten Erwartungen an die berufliche Praxis und die spätere Konfrontation mit dieser. Erwartungen an Sinnstiftung und Kreativität werden dabei nicht immer erfüllt, wie sich auch aus dem Stand der Forschung ergibt (siehe etwa Lamy, 2015; Rogge, 2020).

Abbildung 5　Bisweilen bereitet die Universität in unerwarteter Weise auf das Berufsleben vor (Idee, Text und graphische Bearbeitung: Olaf Kühne, auf Grundlage KI-generierter graphischer Vorlagen (DALL-E)).

Das Thema Lehrevaluierung wiederum ist auch in Abbildung 6 präsent. An dieser Stelle wird allerdings der Kontext nicht durch Erwartungen an berufliche Tätigkeiten gebildet, sondern solche, die in Fortbildungen zur Hochschuldidaktik vermittelt werden. Standardisierte Lehrevaluationen, aber auch der Austausch darüber, vermitteln häufig den Eindruck, Studierende präferierten eine sehr viel traditionellere Lehre als dies aktuelle Konzepte der Hochschuldidaktik vorsehen. Die oben beschriebene Relevanz von Evaluationsergebnissen in Berufungsverfahren verleiht dem Thema eine gesteigerte Aktualität und führt nicht zuletzt zu einem Intrarollenkonflikt (Dahrendorf, 1959). Hier die verallgemeinerten Erwartungen an innovative Lehre, dort jene der Studierenden, hinsichtlich einer vorhersehbaren Lehrveranstaltungsstruktur. Dieser Konflikt wiederum stellt nur ein Element der Herausforderungen dar, die die Karrierephase von Postdoktoranden (Post-Docs) prägen.

Abbildung 6   Dozierende sehen sich mit unterschiedlichen Erwartungen an ihre Lehre konfrontiert (Idee, Text und graphische Bearbeitung: Olaf Kühne, auf Grundlage KI-generierter graphischer Vorlagen (DALL-E)).

Eine weitere Karikatur zum Thema unterschiedlicher Kontext eines Gegenstandes findet sich in Abbildung 7. Was für Absolventen einen großen Schritt auf dem Qualifikations- (und hoffentlich auch Bildungs-)Weg bedeutet, gehört – gerade in Massenfächern, in denen die Betreuungsquoten 100 Studierende pro Professorin oder Professor überschreiten – für Betreuende zur nahezu täglichen Routine. Entsprechend gilt es, den Prozess des Verfassens einer Abschlussarbeit effizient zu gestalten, so dass einerseits eine Betreuung in Bezug auf individuelle Spezifika erfolgt, andererseits auch die für die Betreuung einer Abschlussarbeit zur Verfügung stehende Zeit (zwischen 0,2 und 0,6 Semesterwochenstunden von der Themenfindung bis zum Verfassen des Gutachtens, je nach angestrebtem Abschluss) nicht übermäßig überdehnt wird (was zeitliche Opportunitätskosten bedeuten würde, d. h. in der dadurch gebundenen Zeit sind alternative Tätigkeiten nicht möglich, was etwa auch die Lehre betrifft).

Abbildung 7 Die unterschiedliche Kontextualisierung derselben Abschlussarbeit (hier Bachelor) bei Betreuten und Betreuenden (Idee, Text und graphische Bearbeitung: Olaf Kühne, auf Grundlage KI-generierter graphischer Vorlagen (DALL-E)).

Karikaturen leben von Vergleichen, bis dato zumeist der unterschiedlichen normativen Vorstellungen von Studierenden an die Lehre und dem, wie Lehre organisiert ist. Dies spielt indirekt auch in die letzte in diesem Abschnitt vorgestellte Karikatur (Abbildung 8), zentral ist allerdings ein zeitlicher Vergleich (früher zu heute). Aus diesem werden wiederum die Folgen der in Teilen erfolgten Digitalisierung der Organisation von Lehre an Universitäten deutlich. Die angestrebte Effizienzsteigerung durch Digitalisierung bleibt in wenig nutzendenfreundlichen Lösungen, etwa zur Erfassung von Noten, Parallelstrukturen unterschiedlicher Lehr-Lernsysteme, der Teil- und Nicht-Nutzung von solchen Systemen, stecken. Die Orientierungsfähigkeit von Dozierenden und Studierenden wird durch Änderung der Kursorganisation von Dritten herausgefordert und führt zu einer wachsenden Zahl an E-Mails. Kurz: Die zeitlichen Opportunitätskosten dieser Art der Digitalisierung erweisen sich als sehr hoch. Dies äußert sich nicht allein in der absoluten zeitlichen Inanspruchnahme, sondern auch als in der nun notwendigen Absolvierung von Mikroaufgaben, die für sich eine geringe zeitliche Inanspruchnahme erfordern, die aber präsent gehalten werden müssen. Was wiederum zum Anwachsen von To-Do-Listen und Abstimmungskommunikation (häufig per E-Mail) führt.

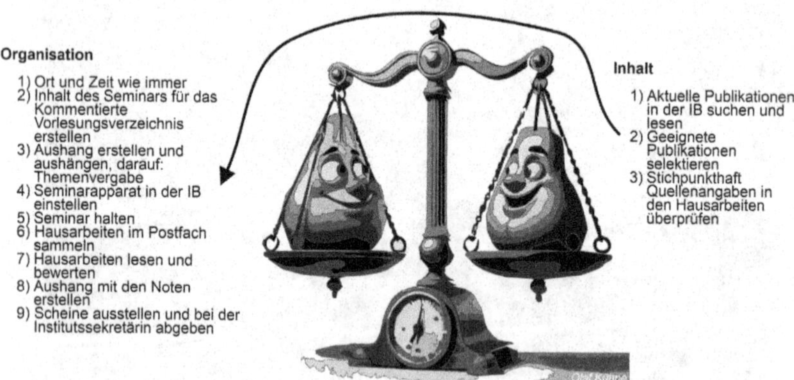

In diesem Abschnitt wurde die unterschiedliche Konstruktion von universitären Bildungsprozessen, insbesondere auf der Mikroebene von Lehrveranstaltungen, und den daraus erwachsenden Erwartungen thematisiert. Bereits in diesem Kontext wurden erste Bezüge zu den universitären Hinterbühnen deutlich, jedoch noch stark daran angebunden, was Studierende im Studienalltag erleben können. Die teilgesellschaftliche Konstruktion von Wirklichkeit (etwa bei Studierenden und Lehrenden) erfolgt nicht autark, sondern wird durch weitere Relationierungen beeinflusst. Dies ist – hier am Beispiel des Politischen – Thema des folgenden Abschnittes.

Organisation

1) Gewünschte Zeit beim Lehrkoordinationsbeauftragten anmelden (per E-Mail)
2) Lehrorganisationstabelle des Lehrkoordinationsbeauftragten (erhalten per E-Mail)
3) In der Lehrorganisationssitzung über Ort und Zeit des Seminars verhandeln (physische Co-Präsenz)
4) Neue Fassung der Lehrorganisationstabelle des Lehrkoordinationsbeauftragten prüfen (erhalten per E-Mail)
5) Ein Raum wird zugewiesen (ersichtlich aus per E-Mail zugestellter aktualisierter Lehrorganisationstabelle des Lehrkoordinationsbeauftragten)
6) Kurs in der Lehr-Lernplattform anlegen
7) Erstellung einer detaillierten Kursbeschreibung, hochladen derselben auf der Lehr-Lernplattform
8) Ankündigung der Themenvergabe auf der Lehr-Lernplattform per Rundmail
9) E-Mail einer Studierenden: Welche Raumangabe stimmt, die auf der Lehr-Lernplattform oder die im Campus-Managementsystem?
10) Ja, der Raum wurde im Campus-Managementsystem geändert
11) Kursbeschreibung anpassen, Rundmail an alle Studierenden, die sich auf der Lehr-Lernplattform registriert haben, dass der Raum geändert wurde
12) E-Mail der Studentin, wo jetzt der Kurs stattfinde; Antwortmail: Hinweis wurde vor drei Tagen an alle Kursteilnehmenden verschickt; Antwort der Studentin: Sie werde von der Uni mit E-Mails zugespammt und lese keine Rundmails mehr
13) Erstellung der Reihenfolge der Referierenden mit Referatsthemen, Einstellung der Liste auf der Lehr-Lernplattform
14) E-Mail eines Studenten: Er habe die Themenvergabe verpasst (Urlaub), ob noch ein Thema frei wäre; ja, es sind noch Themen offen, auch ein Zeitslot ist noch frei, bitte in die Sprechstunde zu kommen
15) Sprechstunde abhalten, ohne den betreffenden Studierenden
16) Das Seminar wurde noch einmal in einen anderen Raum verlegt (Punkte 9, 10 und 12 wiederholen sich)
17) Kursbeginn, der betreffende Studierende kommt nach dem Seminar, was jetzt mit seinem Termin und Thema wäre; bitte kommen Sie jetzt einfach mit in die Sprechstunde, ich habe die offenen Themen nicht im Kopf
18) Seminar wird abgehalten, vier Referate werden wegen Krankheit (mit Attest) nicht gehalten
19) Da keine Ausweichtermine zur Verfügung stehen: Referate werden als Videos auf der Lehrlernplattform hochgeladen
20) Videos werden angeschaut und bewertet
21) Auf der Lehr-Lernplattform wird ein Abgabeordner für Hausarbeiten erstellt (wie im Kurs besprochen)
22) Drei Hausarbeiten gehen per E-Mail ein, mit der Bitte um Eingangsbestätigung
23) Der Hinweis, dafür gäbe es (wie im Kurs besprochen) einen Abgabeordner auf der Lehr-Lernplattform wird mit dem Hinweis versehen, man könne nicht bei jedem Seminartermin anwesend sein, man habe schließlich noch andere Dinge zu tun
24) Hausarbeiten werden korrigiert, eine Notenliste erstellt
25) Notenliste ist unvollständig: Ach ja, drei Studierende haben wegen einer eines gewährten Nachteilsausgleichs verlängerte Bearbeitungszeiten, immer noch fehlt eine Hausarbeit
26) Vorliegende Noten in Campusmanagementsystem eintragen; Campusmanagementsystem stürzt ab; Mist, nochmal von vorne; diesmal bleibt das System stabil, aber: drei Studierende haben sich nicht zur Prüfung angemeldet; ahh, Nebenfach: E-Mail mit Namen, Matrikelnummern und Noten an die zuständigen Prüfungsämter
27) Die Hausarbeiten der Studierenden mit Nachteilsausgleich; Bewertung; Campusmanagementsystem öffnen; Noteneingabezeitraum für das betreffende Semester ist überschritten, also Notenliste per E-Mail an das zuständige Prüfungsamt, mit der Bitte, die Note der Person mit Nachteilsausgleich nachzutragen
28) Per Mail Beschwerde einer Studierenden: sie habe eine 5,0 eingetragen; Recherche, woran das liegen könnte; ahh, die fehlende Hausarbeit; bitte kommen Sie dazu in die Sprechstunde (Effekt analog Punkt 15)
...
...
...

Inhalt

1) Gut, dass ich mittlerweile viel Erfahrung habe…

Abbildung 8 Der Wandel organisatorischer Aufgaben im Kontext der Lehre im Laufe der Zeit (Idee, Text und graphische Bearbeitung: Olaf Kühne, auf Grundlage KI-generierter graphischer Vorlagen (DALL-E)).

4.2 Relationen von Universitärem und Politischem

Die Verhältnisse zwischen Universitäten und Politischem gestalten sich komplex. Bei systemtheoretischer Betrachtung kommunizieren beide nach unterschiedlichen Codes, die Wissenschaft nach dem Code wahr/unwahr und die Politik nach dem Code Macht/Nicht-Macht und erfüllen damit unterschiedliche Aufgaben in einer differenzierten Gesellschaft (Luhmann, 1990, 2002), doch sind die Interferenzen zwischen beiden recht eng. So sind Universitäten in Deutschland gemeinhin staatliche Einrichtungen und unterliegen dem Budgetrecht der Landesparlamente, ihre Tätigkeit wird durch Hochschulgesetze geregelt, zugleich verfügen sie über eine vergleichsweise große Autonomie, die Artikel 5, Absatz 3, des Grundgesetzes garantiert: „Kunst und Wissenschaft, Forschung und Lehre sind frei. Die Freiheit der Lehre entbindet nicht von der Treue zur Verfassung" (GG, 2017 [1949]). Über die Vergabe von Drittmitteln für die Forschung (in sehr geringem Umfang auch für die Lehre) wird wiederum ein Einfluss durch die Politik (aber auch von Wirtschaft und Stiftungen) auf die Wissenschaft ausgeübt (Stifterverband für die Deutsche Wissenschaft e. V., 2024). Auf der anderen Seite bedient sich Politik wissenschaftlicher Expertise zur Vorbereitung von Entscheidungen und deren Legitimierung (siehe etwa: Bogner, 2005; Levidow, 2005; Nowotny, 2005; Weingart et al., 2008). Dabei wirkt Expertise transgressiv, da „alle Expertinnen ihre wissenschaftliche Kompetenz überschreiten müssen, weil ihnen Fragen gestellt werden, die nicht ihre eigenen sind" (Nowotny, 2005, S. 37). Im Zuge der Entwicklung einer transformativen Wissenschaft wiederum wird das Ziel einer engen Relationierung von Wissenschaft und Politik zur Veränderung der Gesellschaft (insbesondere vor dem Hintergrund des Klimawandels) formuliert (etwa: Pennington et al., 2013; Schneidewind & Singer-Brodowski, 2014a, 2014b) und teilweise Wissenschaft und Aktivismus synergieren (z. B. Haderer, 2017; Isopp, 2014). Wobei die Adressaten der so formulierten ‚sozialökologischen Transformation' durchaus widersprechen (unter vielen: Eversberg, 2022; Klepp & Hein, 2024), denn solche Entwicklungen wiederum lassen Wissenschaft (als pars-pro-toto-Verallgemeinerung) als Konfliktpartei erscheinen, etwa der räumlichen Konkretisierung der sozialökologischen Transformation in Form des Ausbaus regenerativer Energien (Kühne et al., 2023; Thiel & Kühne, 2024). Hierzu indes mehr in Abschnitt 4.7.

Die ersten vier Karikaturen dieses Abschnitts haben die viel besprochene Differenz ‚Anspruch und Wirklichkeit' zum Thema. Dabei geht es sowohl um politische Bekenntnisse und Ideale wie auch Strategien, an denen sich Universitäten (insbesondere deren Leitungen) gerne beteiligen. Als Kritikebenen werden zum ersten die Binnenkritik adressiert, also der Bezug der Zustände auf den formulierten Anspruch. Zum zweiten wird hier die lebenspraktische Kritik herangezogen, in diesem Kontext die Frage, inwiefern die formulierten Ansprüche den alltagspraktischen Bedingungen standhalten. Zum dritten wird auch die Kritik der Kontextualisierung vorgenommen, indem die Logik des Politischen mit der des Wissenschaftlichen (bzw. des Wissenschaftsbetriebs) kontextualisiert wird.

Zunächst eine Karikatur (Abbildung 9), die eine Erwartung, hier einer Politikerin formuliert, die sich häufig aus einer kollektivistischen bis kommunitaristischen weltanschaulichen Haltung ergibt (und auch von Politikerinnen und Politikern mit individualistischer Weltanschauung aus strategischen Gründen eingesetzt wird): Der Apell an den sozialen Zusammenhalt, der wiederum als Grundlage für Problemlösungen verstanden wird. Die nicht seltene Wiederholung dieser Aussage in den verschiedenen Kontexten ist nicht allein politisch Interessierten geläufig und lässt eine gewisse Phrasenhaftigkeit vermuten. Der Rückbezug zur konkreten universitären Alltagspraxis erfolgt mittels einer Polysemie.

Abbildung 9 Bisweilen scheinen die Divergenzen zwischen den Idealen der Politik und den alltagspraktischen Herausforderungen recht groß (Idee, Text und graphische Bearbeitung: Olaf Kühne, auf Grundlage KI-generierter graphischer Vorlagen (DALL-E)).

Eine ähnliche Situation zeigt die Karikatur in Abbildung 10. Hier werden ambitionierte Strategien der wissenschaftsgetriebenen Regionalentwicklung mit den praktischen Herausforderungen der alltäglichen Lehre kontrastiert. Hier findet sich durchaus ein gewisser Veraltungsgrad der Technik, kombiniert mit langen Beschaffungszeiten, unklaren Zuständigkeiten und Personalmangel, was zur Findung alternativer Lösungen (häufig spontan) Anlass gibt.

Abbildung 10   Zwischen strategischer Ausrichtung und alltäglichen Herausforderungen klafft – oft im gleichen Kontext – durchaus eine Lücke (Idee, Text und graphische Bearbeitung: Olaf Kühne, auf Grundlage KI-generierter graphischer Vorlagen (DALL-E)).

Der Versuch, spontan pragmatische Lösungen zu finden, ist wiederum bisweilen nicht von Erfolg gekrönt (Abbildung 11). Lösungen sind dann wiederum häufig weniger durch Nutzung der vorgesehenen Strukturen zu finden. Die (in vielen akademischen Kontexten so geschmähte) freie Wirtschaft kann vieles ausgleichen. Worin auch eine gewisse Ironie steckt.

Abbildung 11   Die Fortsetzung von Abbildung 10, schließlich gestaltet sich das Beschaffungswesen nicht immer unkompliziert (Idee, Text und graphische Bearbeitung: Olaf Kühne, auf Grundlage KI-generierter graphischer Vorlagen (DALL-E)).

Nach diesem kurzen Exkurs der Binnenorganisation kehren wir wieder zurück zu dem Thema politischer Anspruch und alltagspraktische Situation (Abbildung 12). Dies mag wiederum auch nachvollziehbar machen, warum Lehre bisweilen auf einem Niveau stattfindet, die von allen Beteiligten nicht als herausragend empfunden wird. Ausgangspunkt ist wiederum eine Aussage, die aufmerksame Hörende, wenn sie es drauf anlegen, nicht nur ein Mal am Tag in den Medien verfolgen können. Diese kontrastiert die andauernden Einsparungsbedingungen, denen sich Universitäten ausgesetzt sehen. Flankiert wird dieser durch die (nicht zuletzt politisch bestimmte) Verschiebung der Bedeutung von einer Grundfinanzierung zu einer Drittmittelfinanzierung. Was unter freundlicher Deutung als Ausdruck des Bemühens verstanden werden kann, besonders ‚gute‘ Ideen fördern zu wollen, aber auch sicherzustellen, dass gesellschaftlich Nutzenversprechendes gefördert wird, ist auch mit finanziellen und zeitlichen Opportunitätskosten verbunden. Dies betrifft den Aufwand zur Antragserstellung, aber auch der Bewertung und Auswahl der Anträge, gerade bei niedrigen Bewilligungsquoten ist die Gefahr recht hoch, ohne Effekt mehrere Tage Arbeitszeit in die Erstellung von Anträgen investiert zu haben, Zeit, die für andere Aufgaben fehlt. Eine besondere bittere Ironie besteht dann, dass dies Anträge zur Verbesserung der Lehre trifft und zugleich infolge dieser Wettbewerbisierung die Vorbereitung von Lehrveranstaltungen zeitlich eingeschränkt wird. Die Ambivalenz wird hier besonders deutlich, da gerade solche Wettbewerbe zur Fokusverschiebung auf die Bedeutung der Lehre beitragen sollen. Dennoch wird die Ineffizienz des Wettbewerbssystems um Fördermittel Gegenstand umfangreicher Kritik, sowohl als Binnenkritik als auch Kritik aus dem Kontext und der praktischen Umsetzung (Schweiger et al., 2025). Eine selbstironische Verdeutlichung der Problematik der Opportunitätskosten findet sich im letzten Bild, in dem mittels einer narrativen Metalepsis die Grenze zwischen Erzählendem und Erzähltem durchbrochen wird.

Auf dem Parteitag der Regierungspartei

Drei Tage später an der Universität...

Zu Beginn des neuen Semesters...

Abbildung 12 Wenn die Divergenz zwischen öffentlicher Proklamation und dem politisch Durchgesetzten Auswirkungen auf den akademischen Betrieb hat (hier Lehre), kann es zu überraschenden Folgen kommen (Idee, Text und graphische Bearbeitung: Olaf Kühne, auf Grundlage KI-generierter graphischer Vorlagen (DALL-E)).

Im Folgenden verlassen wir das Verhältnis zwischen politischen Vorstellungen zu Forschung und Lehre sowie deren vielfach geübte Praxis und wenden uns dem grundsätzlicheren Verhältnis von Wissenschaft und (Gesellschafts-)Politik zu. Gerade in Bezug auf extrem rechte Weltkonstruktionen wird das Wissenschaftssystem sehr unterschiedlich in Resonanz versetzt. Dies reicht von öffentlichem Aktivismus über die Sensibilisierung von Studierenden für die Vorteile einer offenen Gesellschaft zur Lösung von Problemen – und natürlich entsprechenden Veröffentlichungen – und die Praktik eines klassisch-wissenschaftlichen Zugangs, nämlich der Untersuchung des Phänomens mit theoretischen Zuwendungen und empirischen Untersuchungen bis hin zu dem Bestreben, das Thema auszuklammern (mein persönlicher Zugriff bezieht sich auf die mittleren beiden genannten Zuwendungen; etwa: Frankenberger et al., 2024; Kühne et al., 2022; Kühne et al., 2021). Der Versuch, das Thema auszuklammern, wird in Abbildung 13 karikiert. Diese Karikatur lässt sich als eine aus der Kontextualisierung ergebene Binnenkritik verstehen. In diesem Falle lässt sie sich aber auch weltanschaulich begründen, denn auch die Norm des Neopragmatismus auf die Erweiterung des Wirs und der Inklusion sowie seine Ausrichtung auf eine offene Gesellschaft basiert nicht allein auf pragmatistischen Überlegungen der höheren Problemlösungsfähigkeit.

Abbildung 13 Eine Möglichkeit, sich mit aktuellen politischen Herausforderungen zu befassen (Idee, Text und graphische Bearbeitung: Olaf Kühne, auf Grundlage KI-generierter graphischer Vorlagen (DALL-E)).

Die folgende Karikatur bezieht sich ebenfalls (in Teilen) auf das Verhältnis von Wissenschaft und übriger Gesellschaft (Abbildung 14): Der bisweilen formulierte Wunsch, gesellschaftliche Wirkung zu erzielen (in meiner Erfahrung eher bei Personen angesiedelt, die eher frühe Phasen wissenschaftlicher Laufbahn durchleben), wird hier der (öfter thematisierten) Praxis gegenübergestellt, sich Anforderungen in Bezug auf Kommunikation und Organisation konfrontiert zu sehen, mit der Folge, dass an Inhalte von Forschung und deren Wirkung (etwa in der Gesellschaft) kaum mehr Wünsche gerichtet sind. Die Karikatur verweist aber auch darauf, dass der Wunsch auf gesellschaftliche Wirkung durchaus enttäuscht werden kann, was nicht allein Veränderungserwartungen von Forschenden, sondern auch von jenen betrifft, in deren sozialen Kontexten mit Veränderungsanspruch geforscht wird (siehe etwa: Schipper et al., 2025). Ein Thema, dass uns auch weiter begleiten wird.

Abbildung 14 Unterschiedliche Verständnisse von Wissenschaft (und auch dem Verhältnis zu Gesellschaft; Idee, Text und graphische Bearbeitung: Olaf Kühne, auf Grundlage KI-generierter graphischer Vorlagen (DALL-E)).

Zum Abschluss dieses Abschnittes widmen wir uns einer Karikatur, die auch einen Übergang zwischen politischer Relationierung und den Gegenständen von Wissenschaft im folgenden Abschnitt vorstellt (Abbildung 15). Die Karikatur bezieht Stellung gegen die Feinde der offenen Gesellschaft, unabhängig davon, ob sie aus dem politischen Kontext oder dem der Wissenschaft selbst stammen. Dies betrifft zum einen die Erwartung der Leugnung eines weitestgehenden wissenschaftlichen Konsens, wie sie insbesondere in extrem rechten und rechtpopulistischen Teilen der Bevölkerung verbreitet wird, verbunden mit Übergriffen auf Wissenschaftlerinnen und Wissenschaftler. Das Prinzip der Katharsis-Erwartung lässt sich als ein Charakteristikum von Weltanschauungen verstehen, die eine geschlossene Gesellschaft anstreben und dabei auf essentialistische Verständnisse von Welt zurückgreifen (dazu insbesondere: Diefenbach, 2019; Kostner, 2019; Kühne et al., 2022; Stegemann, 2023). Die identitätspolitische Konstruktion von Welt, insbesondere von Gesellschaft(en) und deren Teilen, erfolgt dadurch, dass hierbei auf ein wie auch immer geartetes ‚Wesen‘ zurückgreifen muss. Ansonsten müsste sie zugeben, dass auch die eigene Identität ein Konstrukt ist. Mit der Anwendung einer identitätspolitischen Logik verbunden ist eine Hierarchisierung von Argumenten, nicht nach der Nützlichkeit für Problemlösungen oder Bewährtheit, sondern nach dem (maximal Komplexität reduzierenden) Prinzip der Sprecherposition, insbesondere nach dem Grad von Benachteiligungserfahrungen. Bernd Stegemann (2023, S. 42) versteht die „Sortierung der Argumente nach Identitätskriterien [als einen] Rückfall in die Machttechniken der Vormoderne. Mit ebendieser Hierarchisierung wurden über Jahrtausende Frauen, Ungläubige und fremde Menschen aus der Öffentlichkeit ferngehalten". Auch die *critical whitness*-Theorie

Die Zeiten ändern sich...

...bestimmte Denkstrukturen bleiben.

Abbildung 15   Wissenschaft ist nicht immer bequem, aber auch in der Wissenschaft kann es unbequem sein (Idee, Text und graphische Bearbeitung: Olaf Kühne, auf Grundlage KI-generierter graphischer Vorlagen (DALL-E)).

bedient sich einer solchen Essentialisierung, indem sie davon ausgeht, dass Menschen weißer Hautfarbe nicht Nichtrassisten sein könnten (außer sie sind durch eine Katharsis zu Antirassisten geworden). Gemäß der Vorstellung der ‚weißen Zerbrechlichkeit‘ (engl. *white fragility*) wird der Widerspruch weißer Menschen gegen einen Rassismusvorwurf als Beweis für die Richtigkeit dieses Vorwurfes verstanden, was – so Bernd Stegemann (2023, S. 85) – als eine „zum Begriff geronnene Methode der Inquisition [zu verstehen ist]: Wer sich verteidigt, klagt sich an. In den Hexenprozessen wurde dieser Zirkelschluss brutal durchgesetzt: Nur wer schuldig ist und sich mit dem Satan eingelassen hat, kann auf den Gedanken kommen, sich gegen die Vorwürfe der Inquisition verteidigen zu wollen". Dies setzt die Karikatur bildlich um und bedient sich dabei wiederum dem Prinzip der Binnenkritikerwartung zum einen aus dem wissenschaftlichen Kontext heraus, nämlich Essentialismen zu vermeiden, weil diese – im Sinne der metatheoretischen Kritik – schwerlich belegbar sind und einer fallibilistischen Grundhaltung widersprechen. Es werden aber auch weltanschauliche Kritiken deutlich, da Identitätspolitiken der inklusivistischen Norm des Neopragmatismus zuwiderlaufen. Eine Kritik aus der Perspektive unintendierter Nebenfolgen richtet sich gegen Identitätspolitik, da diese stets mit moralischer Abwertung von anderen verbunden ist, was eine Konfliktregelung erschwert (Berr & Kühne, 2024; Dahrendorf, 1992). Aus Perspektive der alltagsweltlich-pragmatischen Kritik bedeutet Identitätspolitik die weitere Desintegration von Gesellschaft und eine Erschwerung der Erzielung intersubjektiver Übereinkünfte zur Lösung konkreter Probleme.

Nachdem in diesem Abschnitt die Komplexität des Verhältnisses von Politik und Wissenschaft/Universität deutlich wurde und nicht zuletzt auf Probleme der Entdifferenzierung beider Systeme (hier im Sinne Luhmanns) hingewiesen wurde, richtet sich der Blick nun wieder auf die Innenverhältnisse an Universitäten, hier explizit zu dem Thema, das das vorliegende Buch durchzieht: die Geschehnisse auf Vorder- und Hinterbühnen.

4.3 Zwischen den Vorder- Hinterbühnen des Universitätsbetriebs

Ein zentraler Aspekt dieses Buches liegt darin, einen Eindruck von der Divergenz von Vorder- und Hinterbühnen des universitären Betriebs zu geben. Hinterbühnen sind dabei häufig von einer Trivialität alltagsberuflichen Beziehungen geprägt, wie wir sie sicherlich in fast allen beruflichen Kontexten finden, wenn Menschen miteinander arbeiten, allerdings in der Regel unter Nutzung eines spezifischen Vokabulars (das hier in Teilen in eine allgemeinverständlichere Sprache übersetzt wurde). In diesem recht umfangreichen, da zentralen, Abschnitt wird wiederum dem ‚Pfad der Anschlussfähigkeit' gefolgt, indem ich mich Situationen widme, die Personen, die die akademische Bühne erst betreten haben (oder auch nur zuschauen), geläufiger sein sollten, zum Schluss – so meine Hoffnung – erscheinen auch stärker wissenschaftssoziologisch geprägte Ausführungen nachvollziehbarer.

Zunächst eine Situation, an die ich mich selbst noch recht detailliert erinnere: meine ersten Tage als Student an der Universität (des Saarlandes). Ich war völlig überwältigt einerseits von der Komplexität der Organisation, andererseits von der (von mir so erspürten) Atmosphäre der Bedeutsamkeit, die mir auch auf den heruntergekommensten Fluren zu begegnen schien (zum Thema Raum und Atmosphäre: Hasse, 2007, 2012; Kazig, 2007). Somit erschien der ‚Gipfel der Weisheit‘ (Abbildung 16) noch in sehr weiter Atmosphäre (wobei ich zugegebenermaßen schon damals nicht so schlank war). Heute, über 30 Jahre später, habe ich den ‚Gipfel der Weisheit‘ noch immer nicht gefunden, erlebe aber dort, wo ich ihn seinerzeit vermutet hatte, Situationen auf der Hinterbühne, die ich mir seinerzeit, sich eben erst der Vorderbühne nähernd, kaum erwartet hätte (die dargestellte Unterhaltung wurde nicht in diesem Wortlaut, aber inhaltlich so geführt). Hinsichtlich der vorgestellten Modi der Kritik finden wir hier insbesondere jene der Kontextbezogenheit, wie auch eine Binnenkritikerwartung, hinsichtlich einer konstruktiven Auseinandersetzung.

Abbildung 16 Von großen Zukunftserwartungen und alltagsweltlichen Kontexten im wissenschaftlichen Austausch (Idee, Text und graphische Bearbeitung: Olaf Kühne, auf Grundlage KI-generierter graphischer Vorlagen (DALL-E)).

In der folgenden Abbildung 17 erhalten wir Einblick in die Gremienarbeit, die mit der universitären Selbstverwaltung einhergeht. So wichtig diese Arbeit auch ist, um eine Meinungsbildung, häufig abschließend im Konsens zu erzielen, und nicht zuletzt, um sich gegen Einflussnahmen von außen zu erwehren, erscheint die ausgiebige Befassung mit Details teilweise doch wenig effizient, sowohl finanziell, mehr noch hinsichtlich der zeitlichen Opportunitätskosten (meine längste Fakultätsratssitzung dauerte fast 14 Stunden), also der Frage, was ich in dieser Zeit sinnvoll hätte erledigen können (auch der Inhalt des in der Karikatur zu besprechenden Tagesordnungspunktes habe ich so erlebt). Diese, wie auch die daran folgenden drei Karikaturen weisen eine starke Verbindung zur Kritik hinsichtlich der (auch intendierten, aber insbesondere) unintendierten Nebenfolgen auf.

Abbildung 17   Die Erwartung, an die Bedeutsamkeit von Besprechungen in universitären Gremien wird recht rasch eines Besseren belehrt, es dominieren häufig recht triviale Themen, häufig in einer Intensität, die Gedanken an die lauteren Intentionen von Vorsitzenden bezweifeln lassen (Idee, Text und graphische Bearbeitung: Olaf Kühne, auf Grundlage KI-generierter graphischer Vorlagen (DALL-E)).

Mit dem Themenfeld der Gremiensitzungen befasst sich auch Abbildung 18, hier mit entgegengesetzter Stimmungslage, in der die Teilnehmenden nicht von der – überschaubaren Bedeutung des Themas und dessen dennoch detaillierte Ausführung – eingelullt sind. Vielmehr geht es um ein Thema, das zu den zentralen Instanzen universitärer Lehre geht: Prüfungsordnungen. Ein Thema, dass nicht allein eine besondere Bedeutung für die Dramaturgie auf der Vorderbühne aufweist, sondern auch auf der Hinterbühne zu erbitterten Diskussionen führt (als langjähriger Vorsitzender von Prüfungsausschüssen stellen deren Sitzungen bis heute immer noch in ihrer kaum vorhersagbaren Dynamik ein Erlebnis dar). Wie häufig in universitären Kontexten, treffen hier Positionen aufeinander, die sich in die Polarität ‚Pragmatiker‘ vs. ‚Gesinnungsethiker‘ (hier frei nach dem Verständnis von Max Weber, des Vorrangs der Gesinnung gegenüber den Folgen des Handelns; Weber, 2014 [1919]). In unserem Kontext: Einerseits Lösungen zu finden, die Ermessenspielräume nutzt, um Lösungen für Probleme zu finden, in die Studierende hineingeraten können, andererseits die Prüfungsordnung streng auszulegen, manchmal strenger als es diese eigentlich vorsieht. Zu der Kritik der unintendierten Nebenfolgen tritt hier die Binnenkritik zutage (etwa in der Form, dass vieles gesagt werden kann, im Sinne einer angemessenen Befassung mit einem Thema aber nicht immer auch sollte).

Wer der Auffassung ist, Gremiensitzungen seien grundsätzlich langweilig und tangierten zentrale Fragen der Gesellschaft nicht, wird bisweilen eines Besseren belehrt...

Abbildung 18 Gremiensitzungen werden auch bisweilen Schauplatz grundsätzlicher Diskussionen (Idee, Text und graphische Bearbeitung: Olaf Kühne, auf Grundlage KI-generierter graphischer Vorlagen (DALL-E)).

Die bereits in Abbildung 18 zum Ausdruck kommende Konstruktion der relationalen individuellen Bedeutsamkeit von Menschen mit professoralem Status, wird in Abbildung 19 deutlich. Bisweilen beschleicht einen das Gefühl, dass deren Darstellung die Bedeutsamkeit des eigentlichen Themas der Besprechung überwiegt. Hier sei indes keinesfalls der Anspruch auf Ausschließlichkeit dieses Phänomens im universitären Kontext erhoben.

Abbildung 19 Die Liebe zum aktiven Wortbeitrag gehört wohl zum professoralen (nicht ausschließlich) Habitus, wohl auch die Darstellung der eigenen Bedeutung (diese wurde hier im Sinne der Nachvollziehbarkeit in stark expliziter Form übersetzt; Idee, Text und graphische Bearbeitung: Olaf Kühne, auf Grundlage KI-generierter graphischer Vorlagen (DALL-E)).

Aus einer zynischen Betrachtung des Phänomens heraus ließe sich interpretieren, dass es bei einer solchen Arbeitseffizienz und dem Koordinationsaufwand von Bedeutsamkeiten und Deutungshoheitsansprüchen nicht verwundert, dass bisweilen die erzielten Ergebnisse nicht den eigenen Ansprüchen genügen (Abbildung 20). Diese Interpretation betrifft allerdings nur einen Aspekt der Arbeit in wissenschaftlichen Kontexten. Allein, um – hier eine Akademie – arbeitsfähig zu halten, ist allein der administrative Aufwand nicht unerheblich, der kommunikative Aufwand mit Mitgliedern ebenfalls. Dabei handelt es sich um notwendige Bedingungen, um dann inhaltlich arbeiten zu können. Die Erwartungen, die an wissenschaftliche Vereinigungen (und an einzelne Wissenschaft Treibende) herangetragen werden, haben sich in den letzten Jahrzehnten erheblich ausgeweitet (dazu kommen wir später noch ausführlicher), dies betrifft nicht allein die Modernisierung von Themen und theoretischen Zugängen (das wäre für eine wissenschaftliche Vereinigung fast vorauszusetzen), sondern auch die Gewinnung von jungen und ambitionierten Mitgliedern (die allerdings sehr häufig mit anderen Herausforderungen in ihrer Karriere befasst sind, worauf in den nächsten Karikaturen einzugehen sein wird), aber auch Überlegungen, sich der Kommunikation auf Social Media zu öffnen. Den Erwartungen stehen – das ist ein zentrales Thema dieses Buches – nicht unbedingt wachsende zeitliche Ressourcen gegenüber.

Der frisch gewählte Vorstand einer wissenschaftlichen Akademie...

...und am Ende der Amtszeit

Abbildung 20 Manchmal übersteigen Ambitionen das zur Verfügung stehende leistbare Arbeitspensum oder die Ambition flaut ab und die damit befeuerten Vorhaben sinken in der Priorisierung und sedimentieren irgendwo an der Basis der To-Do-Liste (Idee, Text und graphische Bearbeitung: Olaf Kühne, auf Grundlage KI-generierter graphischer Vorlagen (DALL-E)).

Auch die nächste Karikatur befasst sich mit unterschiedlichen Erwartungen, dieses Mal nicht in Bezug auf einen Vorher-nachher-Vergleich einer Gruppe von Wissenschaft Treibenden, sondern eines Arbeitsgruppenleiters und seines Teams (Abbildung 21). Ein Hintergrund sind begrenzte (Haushalts-)Mittel, die den Arbeitsgruppen zugewiesen werden (zumindest an vielen Universitäten, es gibt hier auch Ausnahmen), aus denen u. a. Konferenzreisen (aber auch technisches Gerät, wissenschaftliche Hilfskräfte, Verbrauchsmaterialien und dergleichen) finanziert werden. Dass eine Konferenzreise möglich ist, ohne diese Mittel in Anspruch zu nehmen, ist somit für die Arbeitsgruppenleitung (an meiner Universität ‚Anordnungsbefugter‘, ein Wort, dass mich zu so vielen ironischen Bemerkungen veranlasste, dass mir mein Team vor einiger Zeit eine Tasse mit entsprechendem Aufdruck schenkte) schon für sich ein erfreulicher Sachverhalt, der mit entsprechenden Erwartungen an die übrigen Mitglieder der Arbeitsgruppe richtet. Die Möglichkeit, dass diese sich und ihre Forschungen (für das Team ohne Kosten!) auf einer internationalen Tagung präsentieren können, sollte einen zusätzlichen Anreiz bieten. Erwartungen, die nicht immer auf Resonanz stoßen, was sowohl mit einer wissenschaftsinternen Prioritätensetzung zu tun haben kann, aber auch mit der Abwägung zwischen Prioritäten in Bezug auf Wissenschaft (und die eigene Karriere in dieser) aber auch außerwissenschaftlichen Prioritäten. Hinsichtlich der Kritik-Modi dominieren hier eine doppelte Binnenkritik und Binnenkritik-Erwartung (insofern auch eine kontextualisierte Kritik). Einerseits in Bezug darauf, die Prioritätsabwägungen, auch jenseits der Wissenschaft ernst zu nehmen, andererseits der Befassung mit Wissenschaft eine größere Priorität einzuräumen (und auch der eigenen Karriere).

In der nachmittäglichen Arbeitsgruppenbesprechung...

Abbildung 21 Erwartungsdivergenzen zwischen Arbeitsgruppenleitung und Mitglieder der Arbeitsgruppe kommen auch nach Jahren vor (Idee, Text und graphische Bearbeitung: Olaf Kühne, auf Grundlage KI-generierter graphischer Vorlagen (DALL-E)).

Mit der folgenden Karikatur nähern wir uns thematisch wieder einmal den Hürden und Fallstricken der Informationstechnologie (Abbildung 22). Wobei diese Hürden in der Regel für Nutzende nicht nur (bisweilen weniger) in technischen Lösungen (wobei hier auch in einigen Fällen die funktionale und ästhetische Stringenz des technischen Entwurfs die Anwendungsfreundlichkeit dominiert, in anderen Fällen sich Nutzende eher als Testpersonen in einer Feld-Erprobungsphase fühlen) zu finden sind, sondern auch rechtlichen Regelungen (bzw. deren Auslegung). Kombiniert mit umfangreichen Kommunikationserwartungen, werden dann durchaus kreative Lösungen, hier für den Datenaustausch innerhalb einer gemeinsamen Antragstellung für ein gemeinsames Drittmittelprojekt erwogen. Hinsichtlich der Modi der Kritik sind hier die Binnenkritik des Eigenanspruchs an das Funktionieren technischer Werkzeuge innerhalb des Systems Wissenschaft relevant, aber auch die lebenspragmatische, hier arbeitsalltägliche Kritik von Wissenschaft Treibenden an (heute) notwendige technische Lösungen.

Abbildung 22   Der universitäre Betrieb ist durchaus von Inszenierungen großer informationstechnischer Innovationen geprägt, auf der Hinterbühne sehen sich Beteiligte durchaus mit konkreten Problemen des kleinen Datenaustauschs konfrontiert (Idee, Text und graphische Bearbeitung: Olaf Kühne, auf Grundlage KI-generierter graphischer Vorlagen (DALL-E)).

Publizieren gehört zum Alltag im Wissenschaftsbetrieb (wer nicht – in relevanten Kontexten – publiziert, wird sich nicht etablieren können oder befindet sich auf einer dauergesicherten Position und ignoriert die Erwartungen des wissenschaftlichen Kontexts). Auch hier lässt sich eine deutliche Divergenz von Vorderbühne (Publikationsprodukt) und Hinterbühne (Produktion einer Publikation) auffinden. Publizieren, hier nach Annahme des Manuskripts zur Publikation, gestaltete sich zu Beginn meiner wissenschaftlichen Tätigkeit (aus heutiger Perspektive: überraschend) unkompliziert (Abbildung 23) und in recht kurzer Zeit.

Buchpublikation zu Beginn meiner wissenschaftlichen Tätigkeit

Zwei Monate später:

Einen weiteren Monat später:

Abbildung 23   So einfach war einmal die Publikation eines Buches … (Fortsetzung in Abbildung 24; Idee, Text und graphische Bearbeitung: Olaf Kühne, auf Grundlage KI-generierter graphischer Vorlagen (DALL-E)).

Heute (Abbildung 24) gestaltet sich der Prozess ungleich komplexer. Diese Komplexitätssteigerung ist wiederum nicht allein technischen Neuerungen geschuldet (der Ermöglichung, Inhalte auf unterschiedlichen Endgeräten lesbar zu gestalten), aber auch Überlegungen zur Lesendenfreundlichkeit (Zusammenfassungen für jedes Kapitel), geänderte rechtliche Rahmenbedingungen (Bildbeschreibungen von Abbildungen, wie auch in diesem Buch, für Menschen mit einer starken Sehbeeinträchtigung). Dies gilt aber auch für das Bestreben, Kostenvorteile durch Arbeitsteilung (auch international) zu generieren. All dies ist mit einem erhöhten Kommunikationsaufwand – und entsprechenden Risiken verbunden, infolge der Informationsflut Kommunikationsprozesse abbrechen zu lassen, was wiederum den Arbeitsfluss unterbrechen und die Publikation des jeweiligen Werkes verzögern kann. Insgesamt ist die Entwicklung des Publikationsprozesses in Richtung einer zunehmenden Komplexität mit erheblichen zeitlichen Opportunitätskosten verbunden. Auch ist es – wie die Karikatur zeigt – einem *well-being* nicht immer zuträglich. Dies verdeutlicht nicht zuletzt die Kritik aus Perspektive der unintendierten Nebenfolgen (Opportunitätskosten) und Lebenspraxis (Verringerung des Wohlgefühls).

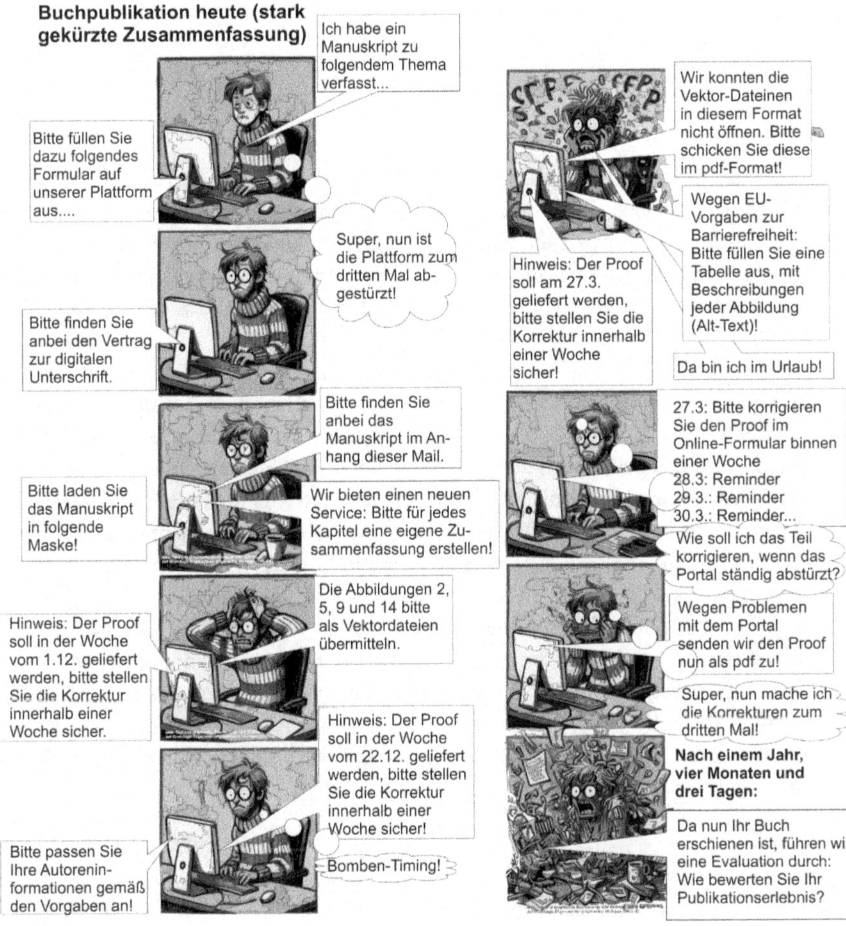

Abbildung 24　... und so kompliziert gestaltet es sich heute (zu vermuten ist, dass dieser Prozess der Komplexisierung noch nicht zu einem Abschluss gekommen ist; Idee, Text und graphische Bearbeitung: Olaf Kühne, auf Grundlage KI-generierter graphischer Vorlagen (DALL-E)).

Publikationen lassen sich als Darstellungen auf der Vorderbühne verstehen. Die zugrundeliegenden Forschungsprozesse und deren Ergebnisse, wie sie auf der Hinterbühne entwickelt wurden, decken sich bisweilen nur in Teilen mit diesen Darstellungen (Abbildung 25). In Publikationen wird in besonderer Weise der Veni-vedi-vici-Logik gefrönt: Aus einem vielgestaltigen Prozess der Versuche und Irrtümer wird häufig ex-post der Versuch selektiert, der zu einem Ergebnis führte, das für die Wissenschaftsgemeinschaft relevant erschien. Die vergeblichen Versuche, die vielen Ideen, die sich nicht umsetzen ließen, die Widerspenstigkeit des Feldes (dass eigentlich selten das herauskommt, was erwartet wurde), die Probleme sich das Feld überhaupt zu erschließen, die widersprüchlichen oder kaum interpretierbaren Ergebnisse etc. werden den (scheinbaren) Erfordernissen der Vorderbühne angepasst. Was verloren geht, ist dabei unter anderem, dass Wissenschaft (hier im Forschungsprozess) sich als ein Weg der nicht weiterverfolgten Irrtümer gestaltet. Dass dieser Weg nachgezeichnet wird, kommt indes nur selten vor. Entsprechend entsteht eine eigenartige Ambivalenz: Das Eingeständnis, sich geirrt zu haben, wird (noch immer) vielfach als Scheitern verstanden, wenngleich in aktuellen wissenschaftstheoretischen Reflexionen falsifikationistische Zugänge in unterschiedlicher Spielart dominieren (kurz: Wissen ist nie absolut und überzeitlich, es kann jederzeit durch eine passendere Beschreibung durch neues Wissen abgelöst werden; siehe dazu klassisch: Popper, 1935).

Forschung in der Praxis

Forschung in der Publikation

Abbildung 25 Zwischen der Darstellung in der Publikation und dem zugrundeliegenden Forschungsprozess mit seinen Ergebnissen finden sich bisweilen durchaus Differenzen (Idee, Text und graphische Bearbeitung: Olaf Kühne, auf Grundlage KI-generierter graphischer Vorlagen (DALL-E)).

Eine mögliche Begründung für die Persistenz der Darstellung von Forschungsergebnissen gemäß der Veni-vedi-vici-Logik mag in der Sorge um eine Zurückweisung eines Manuskriptes bei einer begutachteten Zeitschrift liegen. Im Rahmen des Peer-Review-Prozesses werden wissenschaftliche Behauptungen durch Kollegen, die ‚peers‘, begutachtet und bewertet (Weingart, 2015). Im Doppelblind-Verfahren kennen (mindestens während des Begutachtungsprozesses) Einreichende und Bewertende nicht die Identität des oder der jeweils anderen, um zu gewährleisten, dass die wissenschaftliche Leistung allein, nicht die Reputation des oder der Einreichenden bewertet wird. Operationalisiert wird das übergeordnete Ziel der wissenschaftlichen Qualitätssicherung durch bestimmte Punkte, die geprüft werden sollen (Rödel, 2020), etwa eine klare Formulierung von Hypothesen oder offenen Fragen, eine angemessene Darstellung der verwendeten Methoden, ein hinreichender Innovationsgehalt der dargestellten Forschung, eine korrekte und nachvollziehbare Ergebnisdarstellung, eine angemessene Interpretation und Einordung der Ergebnisse in den aktuellen Stand der relevanten Forschung. Entsprechend lassen sich „Publikationserfolge in begutachteten Zeitschriften […] [als] ein besserer Indikator für das professionelle Standing eines Autors [verstehen] als reine Publikationsziffern (die freilich sehr wohl ‚Reputation‘ verschaffen können). Sie stehen eben nicht nur für Schreibfleiß und Schreiblust, sondern dafür, dass jemand mit seinen Argumenten einige systematisch prüfende Leser in einer Konkurrenz mit anderen Autoren überzeugen konnte" (Hirschauer, 2004, S. 79). Neben den hohen zeitlichen Kosten für die Begutachtung stehen auch inhaltliche Aspekte der Praxis des *Peer-reviews* in der Kritik, etwa der Präferenz von Gutachtenden für Manuskripte, die der eigenen Auffassung entsprechen oder der Präferenz für Manuskripte, die nicht oder kaum vom fachlichen Mainstream abweichen (vertiefend dazu etwa: Hirschauer, 2004; Rödel, 2020, 2024; Weingart, 2015). Die Gutachten bilden dabei nur eine wichtige Grundlage über die Entscheidung zur Annahme von Manuskripten, da diese durch Herausgebende einer Zeitschrift getroffen wird. Die Kombination aus Gutachtenden und Herausgebenden kann aber auch in Bezug auf die Manuskriptentwicklung zu recht kreativen Lösungen führen (Abbildung 26). Dies heißt aber auch: Aufgrund der hohen Bedeutung von peer reviewten Veröffentlichungen sehen sich Autorinnen und Autoren bisweilen dazu veranlasst zu einer Darstellung zu gelangen, die weit von den ursprünglichen Intentionen entfernt ist (wenngleich die Zahl der konstruktiven und an den zentralen Aussagen des Textes orientierten Gutachten in der absoluten Mehrzahl sind, eine Einschätzung, die sich nicht zuletzt aus meiner eigenen Erfahrung als Autor, Gutachter und federführender Herausgeber speist).

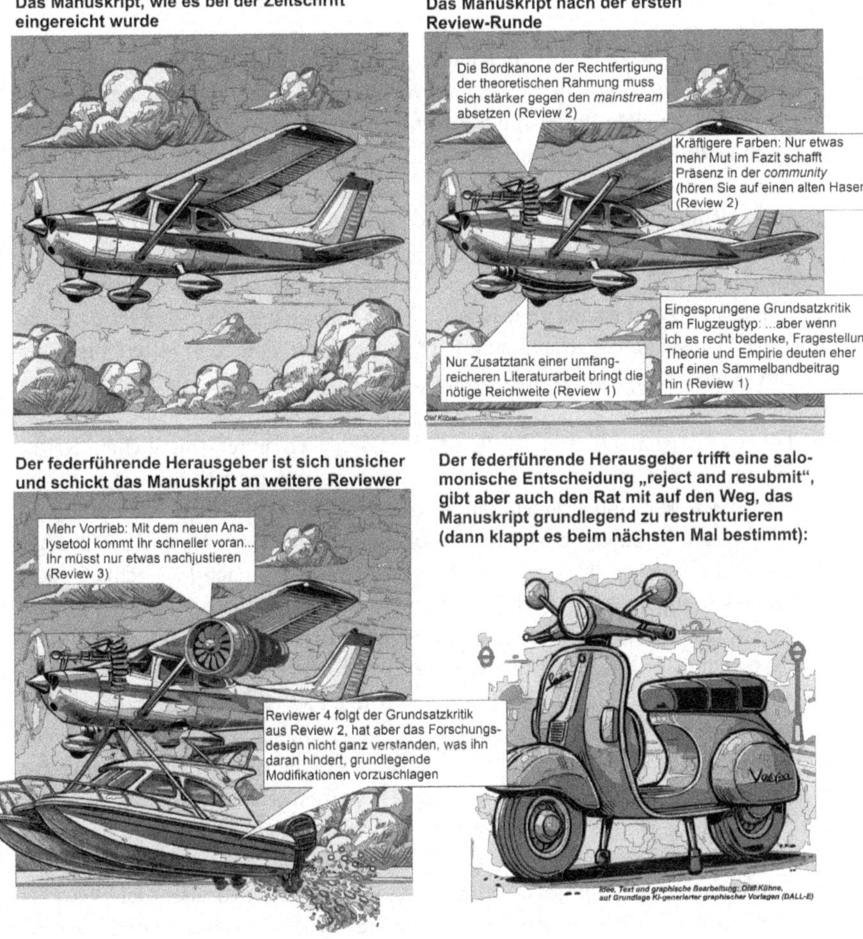

Abbildung 26   Peer-review-Verfahren können zu bemerkenswerten Ergebnissen führen (Idee, Text und graphische Bearbeitung: Olaf Kühne, auf Grundlage KI-generierter graphischer Vorlagen (DALL-E)).

Das Review bezeichnet Hirschauer (2004, S. 62) als „„Prototyp' der Forschungsevaluation", das im Bereich universitärer Bildung (Abschlussprüfungen von Bachelor bis Habilitation), bei Berufungsverfahren wie auch im Bereich der Forschungsförderung (etwa der Auswahlverfahren für Stipendien oder Projektanträgen) aktualisiert wird. Wenden wir uns nun diesem Auswahlverfahren zu, in dem Leistungen zwischen Vorder- und Hinterbühne durchaus unterschiedlich beurteilt werden können (Abbildung 27). So zieht, wie Joas (2016 [1992], S. 205) pointiert feststellt, in einer „von Neid und Missgunst ja keineswegs freien Atmosphäre des Wissenschaftsbetriebs [...] Produktivität nur zu schnell den Vorwurf der Oberflächlichkeit auf sich, wird theoretische Offenheit gegenüber einer Vielzahl gegenwärtiger und historischer Ansätze nur zu leicht als Eklektizismus abgefertigt".

Die vorangegangen drei Karikaturen lassen sich unterschiedlichen Kritikmodi zuordnen: Zunächst der Binnenkritik, da zum Ausdruck kommt, dass weder stets nach Maßstäben gehandelt wird, die auf eine vom eigenen Standpunkt (oder eigenem Befinden) möglichst unabhängige, kurz: nach Neutralität strebende Bewertung, ausgerichtet sind, noch derselbe Maßstab nach Möglichkeit situationsunabhängig verwendet wird. Metatheoretisch lässt sich so feststellen, dass Entwicklungen entstehen können, die sich nicht (zwingend) kontextual rechtfertigen lassen (müssen), was insbesondere in Abbildung 26 deutlich wird, es entsteht ein publiziertes Gebilde, das kaum mehr in der Lage ist, einen nützlichen Beitrag zur Lösung von Problemen beizutragen, vielleicht sogar eher Verwirrung stiftet (Kritik der unintendierten Nebenfolgen). Aus lebenspraktischer Perspektive (hier jener der alltäglichen Forschungspraxis) werden wiederum die unintendierten Nebenfolgen der geringen Reliabilität (Hirschauer, 2004) der Begutachtungspraxis deutlich, die insbesondere in den frühen Phasen wissenschaftlicher Karriere diese im Extremfall radikal abkürzt, sprich: Wenn Drittmittel nicht gewährt werden, kann ein rasches Karriereende drohen. Wenn Manuskripte nicht zur Publikation angenommen werden, kann sich dieses Karriereende etwas verzögern.

Auch im wissenschaftlichen Leben können sich Bewertungen als kontextabhängig erweisen...

Abbildung 27   Die geäußerte Meinung über einen Kollegen kann zwischen Vorder- und Hinterbühne durchaus deutlich variieren (Idee, Text und graphische Bearbeitung: Olaf Kühne, auf Grundlage KI-generierter graphischer Vorlagen (DALL-E)).

Insbesondere in den letzten Jahrzehnten (wobei die Anfänge hiervon bis in das 19. Jahrhundert zurückreichen) wandelte sich das Verhältnis von Wissenschaft und Politik/Gesellschaft fundamental (Bender, 2004; Gibbons et al., 1994; Nowotny, 2005; Nowotny et al., 2001). Vormals gestaltete sich Wissensproduktion in Form einer strikten Trennung von Grundlagen- und Anwendungsforschung wie auch einer klaren Trennung von Wissenschaft und Gesellschaft (Modus 1). Diese Trennungen wurden mit der Entwicklung einer Modus-2-Wissenschaft aufgehoben, Wissenschaft wird zunehmend abhängig von externen Finanzierungen, wodurch zunehmend die Belastbarkeit von Netzwerken außerhalb der Wissenschaft über den wissenschaftlichen Erfolg von Wissenschaft Treibenden entscheidet (Elias et al., 2014; Weingart, 2001). Die ‚Entgrenzung‘ von Wissenschaft bedeutet auch die Erweiterung von deren Rechenschaftsbasis von Wissenschaft, die nicht mehr nur auf das eigene Fachpublikum ausgerichtet ist, sondern nun bis hin zur Gesellschaft in Gänze reicht (Nowotny, 2005). Auch findet eine ‚Entgrenzung‘ von Wissenschaft in Bezug auf gesellschaftliche, insbesondere politische Entscheidungen statt, „und sei es nur in der Weise, dass es ihnen die zusätzliche Legitimität der Rationalität und der ‚Objektivität‘ verschafft“ (Weingart, 2003, S. 92; ein Thema, dass in dem Eingangstext von Abschnitt 4.2 bereits thematisiert wurde). Dies hat wiederum eine geänderte Ausrichtung von Wissenschaft zur Folge: „Wissensproduktion orientiert sich am Markt, an der Politik, an den Medien. Im Sinne dieser Wechselseitigkeit der Erwartungen bedeutet *Verwissenschaftlichung* der Gesellschaft zugleich immer auch *Ökonomisierung, Politisierung* und *Medialisierung* der Wissenschaft“ (Weingart, 2001, S. 124; Hervorhebungen im Original). Aus diesen knappen Ausführungen wird deutlich, dass die kontextuellen und kommunikativen Ansprüche an einzelne Wissenschaft Treibende durchaus gestiegen sind (Abbildung 28). Dies hat durchaus zur Folge, dass Forschende ihre Forschung weniger darauf ausrichten (können), was sie selbst für relevant halten, sondern darauf, was gefördert wird (Binnenkritik). Lebenspragmatisch bedeutet diese Entwicklung eine Komplexitätssteigerung. Vormals zentrale Aspekte des Wissenschaft Treibens, nämlich das tatsächliche Wissenschaft Treiben, wird von anderen Tätigkeiten überlagert, etwa der Einwerbung von Forschungsmitteln, der Bewertung von Anträgen, Schriftwechsel mit unterschiedlichen Verwaltungsstellen und Kommissionen, Darstellung von Ergebnissen in unterschiedlichen (nicht-wissenschaftlichen) Medien.

Bestimmte Aussagen, Strategien, die einer Hinterbühnen-Logik entsprechen, sind für Personen, die primär mit Vorgängen auf der Vorderbühne vertraut sind, nicht immer nachvollziehbar. Mit diesem Abschnitt habe ich den Versuch angestellt, Einblicke in die Hinterbühne zu ermöglichen, um bestimmte Dinge nachvollziehen zu können, aber auch auf Herausforderungen vorzubereiten, die sich mit dem Betreten der Hinterbühne ergeben können. Dass auch Vorder- und Hinterbühnen einem Wandel unterworfen sind, wird insbesondere aus den Befassungen mit Modus-2-Wissenschaft deutlich, sie haben sich deutlich differenziert, teilweise auch hybridisiert, wodurch die Orientierung zunehmend herausfordernd wird – und sich wiederum zu einem lebenslangen Projekt auswächst.

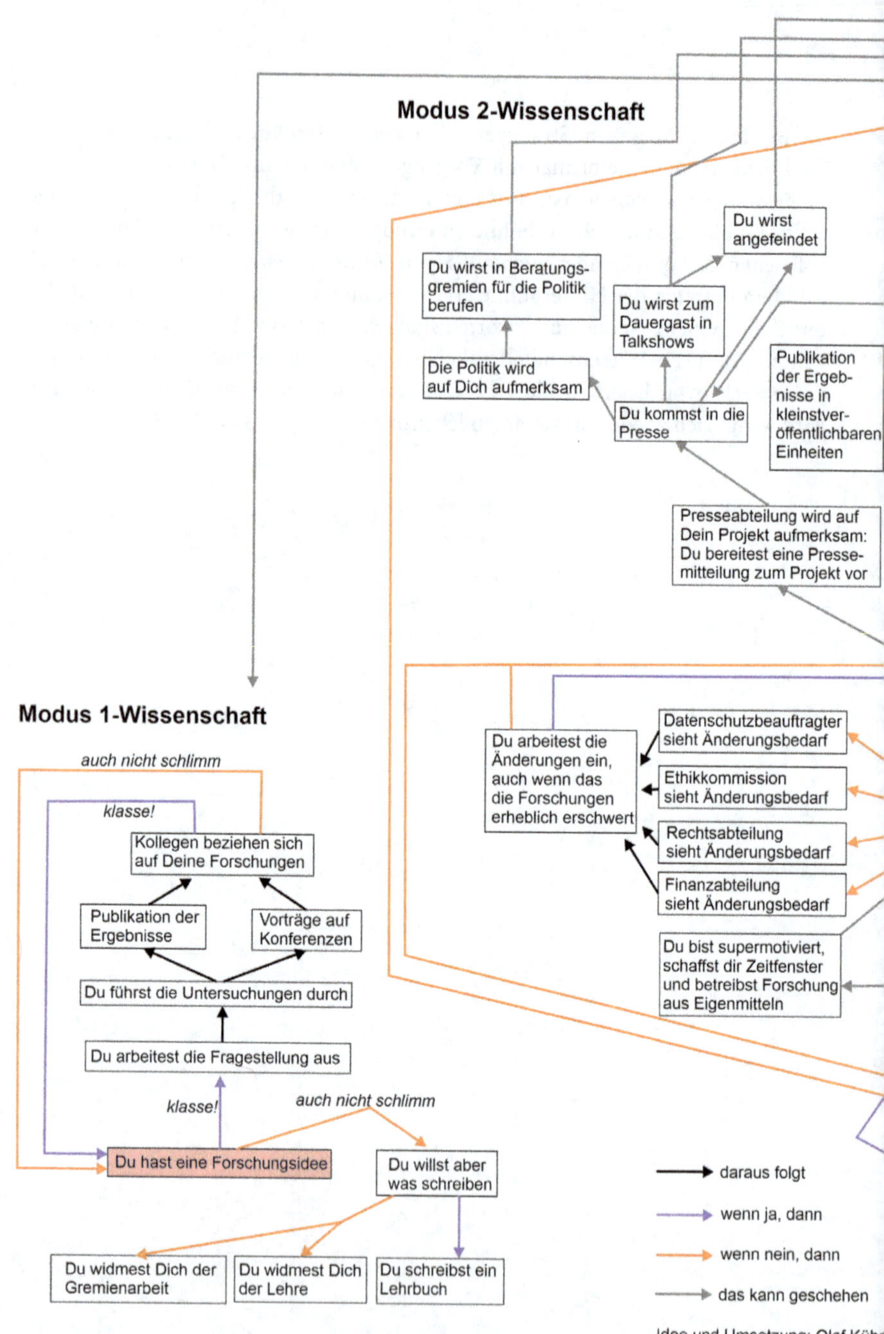

Abbildung 28 Unterschiede zwischen Modus 1- und Modus 2-Wissenschaft (eigene Darstellung, ergänzt nach: Kühne & Berr, 2021).

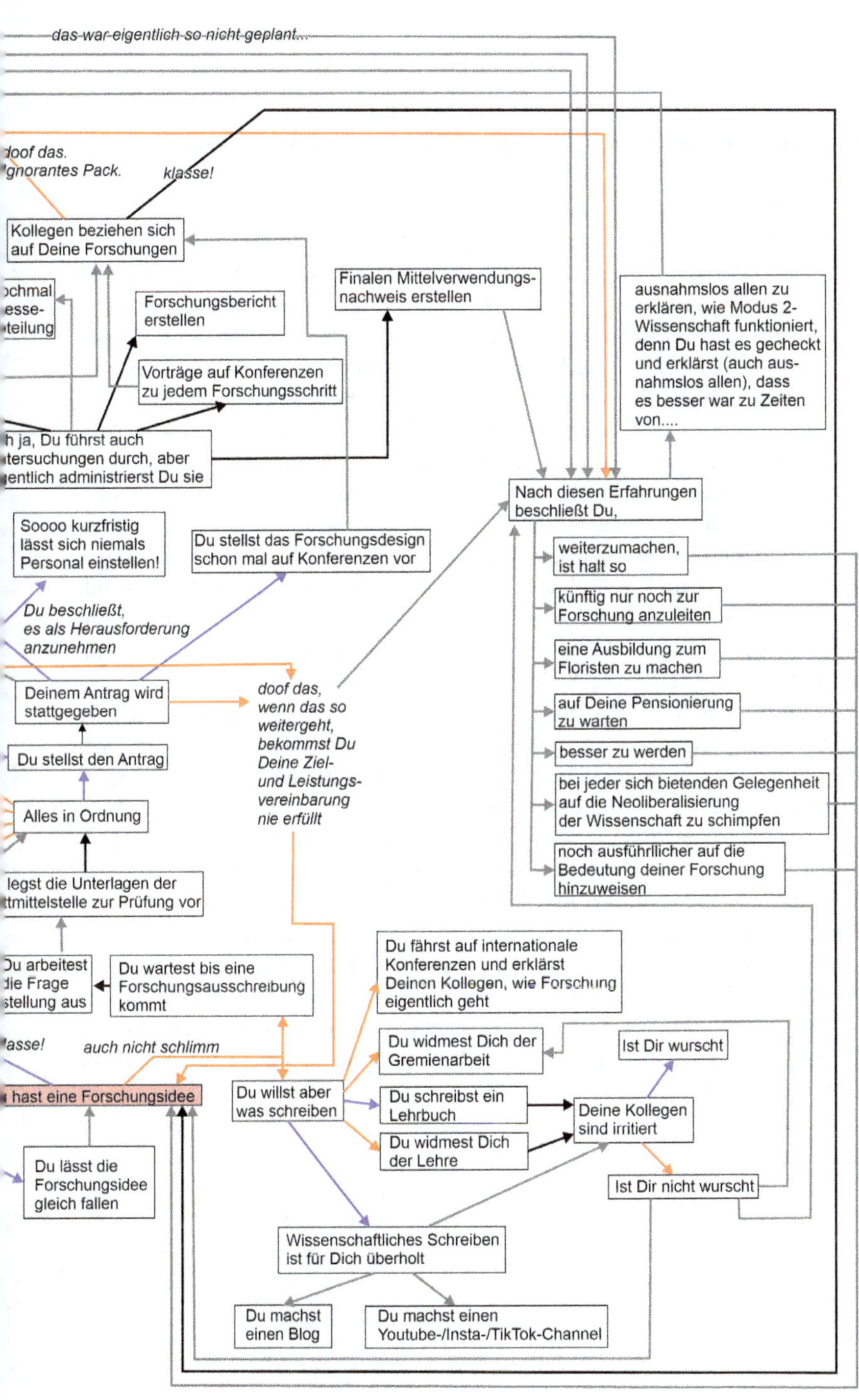

das war eigentlich so nicht geplant...
doof das.
Ignorantes Pack.
klasse!
Kollegen beziehen sich auf Deine Forschungen
Finalen Mittelverwendungsnachweis erstellen
ausnahmslos allen zu erklären, wie Modus 2-Wissenschaft funktioniert, denn Du hast es gecheckt und erklärst (auch ausnahmslos allen), dass es besser war zu Zeiten von....
nochmal Messe-Verteilung
Forschungsbericht erstellen
Vorträge auf Konferenzen zu jedem Forschungsschritt
Ach ja, Du führst auch Untersuchungen durch, aber eigentlich administrierst Du sie
Soooo kurzfristig lässt sich niemals Personal einstellen!
Du stellst das Forschungsdesign schon mal auf Konferenzen vor
Nach diesen Erfahrungen beschließt Du,
weiterzumachen, ist halt so
künftig nur noch zur Forschung anzuleiten
eine Ausbildung zum Floristen zu machen
auf Deine Pensionierung zu warten
besser zu werden
bei jeder sich bietenden Gelegenheit auf die Neoliberalisierung der Wissenschaft zu schimpfen
noch ausführllicher auf die Bedeutung deiner Forschung hinzuweisen
Du beschließt, es als Herausforderung anzunehmen
Deinem Antrag wird stattgegeben
doof das, wenn das so weitergeht, bekommst Du Deine Ziel- und Leistungsvereinbarung nie erfüllt
Du stellst den Antrag
Alles in Ordnung
Du legst die Unterlagen der Drittmittelstelle zur Prüfung vor
Du arbeitest die Fragestellung aus
Du wartest bis eine Forschungsausschreibung kommt
Du fährst auf internationale Konferenzen und erklärst Deinen Kollegen, wie Forschung eigentlich geht
klasse!
auch nicht schlimm
Du hast eine Forschungsidee
Du willst aber was schreiben
Du widmest Dich der Gremienarbeit
Du schreibst ein Lehrbuch
Du widmest Dich der Lehre
Ist Dir wurscht
Deine Kollegen sind irritiert
Du lässt die Forschungsidee gleich fallen
Ist Dir nicht wurscht
Wissenschaftliches Schreiben ist für Dich überholt
Du machst einen Blog
Du machst einen Youtube-/Insta-/TikTok-Channel

4.4 Scheitern im Kontext von Wissenschaft – Karrieren

In der Wissenschaft (ich nehme an, auch darüber hinaus, aber das ist nicht mein Thema) dominiert eine Selbstdarstellung von Personen und eine Darstellung der Ergebnisse von Forschungen gemäß der verschiedentlich thematisierten Veni-vedi-vici-Logik. Hierbei wird ein Bild vermittelt, das weder dem Forschungsprozess mit seinen vielen Fehlschlägen, der ständigen Revidierbarkeit (siehe schon Weber, 2011 [1919]; Kastentext 1) gerecht wird, noch gilt eine solche Logik für die ex-post konstruierten Biographien (zumindest ist mir keine bekannt).

In diesem Abschnitt werden nun auch die Fehlschläge dargestellt, die Wirrungen, teilweise auch die existenziellen Krisen, die häufig weder in Publikationen noch in Biographien auftauchen. Das Thema der Prekarität von Beschäftigungsverhältnissen an Universitäten wurde in den vergangenen Jahren häufiger öffentlich, wie in der Wissenschaft diskutiert (unter vielen: Bahr et al., 2022; Riegraf, 2018; Tantner, 2020). Die Zahl der Professuren ist (insbesondere in Deutschland) begrenzt, unterhalb der Professur gibt es nur wenige Dauerstellen, die übrigen Wissenschaft treibenden Personen stehen sich einem ‚System permanenter Bewährungsproben' (Boltanski & Chiapello, 2006) ausgesetzt und die Höchstdauer ihrer Beschäftigung aus Haushaltsmitteln ist begrenzt, wem es also nicht rechtzeitig gelingt, eine Dauerstelle zu erreichen, wird aus dem System ausgeschieden oder hangelt sich von (prekärer) Drittmittelbeschäftigung zur nächsten, häufig unterbrochen von Zeiten der Arbeitslosigkeit. Die Alternative ist, das Wissenschaftssystem zu verlassen, um gegebenenfalls (wiederum unter hohem Einsatz an zeitlichen Ressourcen) zurückzukehren (unter vielen: Boltanski & Chiapello, 2006; Riegraf, 2018). Die Unsicherheit einer universitäreren Karriere wiederum führt zu einer sozialen Selektivität: Insbesondere Personen aus akademischen Elternhäusern, Personen, die in der Lage sind, gewisse finanzielle Durststrecken zu überwinden, die über tragfähige relevante soziale Netzwerke verfügen, kurz: über eine höhere Ausstattung an symbolischem Kapital (Bourdieu, 2016) verfügen, verfügen über komparative Vorteile gegenüber jenen, die dies nicht aufweisen können (Möller, 2015).

Vor diesem Hintergrund erscheint es relevant, die alltagsweltlichen Konsequenzen, aber auch die systemischen Bezüge, individuelles Erleiden, wie individuelle Verantwortung in den Blick zu nehmen. Hier wird insbesondere auf den Modus der Kritik der unintendierten Nebenfolgen des Wissenschaftsbetriebs zurückgegriffen. Dieser Abschnitt verfolgt – mehr noch als die übrigen – das Ziel, Personen in frühen Karrierestadien ein Bild von Wissenschaft als Praxis zu verschaffen, das jenseits der Veni-vedi-vici-Logik liegt, um so auf Phänomene vorzubereiten, die ansonsten zuungunsten der einen Person gedeutet werden könnten, die aber letztlich häufiger vorkommen, als offen darüber gesprochen wird. Insofern möchte dieser Abschnitt auch Trost zusprechen, wenn mal wieder ein Manuskript in der Begutachtung oder ein Forschungsantrag gescheitert ist. Das ergibt sich allein aus den Förderquoten der Fördermittelgeber oder den Zurückweisungsquoten der Zeitschriften. Aber es wird wenig darüber gesprochen.

Dass der Wunsch nach einer höheren Priorisierung des Lebens jenseits des universitären Kontexts nicht einer Grundlage entbehrt, ist Gegenstand der beiden nun folgenden Karikaturen. Gerade die Postdoc-Phase wird vielfach als ‚Flaschenhals' in der akademischen Karriere gesehen, stehen noch vergleichsweise viele Finanzierungsmöglichkeiten für Doktorandinnen und Doktoranden zur Verfügung, sind diese in der nachfolgenden Karrierephase eingeschränkter. Durch wenige Dauerstellen im ‚Mittelbau' ist die Konkurrenz um Mittel und um Perspektiven auf eine Professur als Dauerstelle besonders hoch (dazu noch mehr in Abschnitt 4.7). Damit in Verbindung steht auch ein hoher Leistungs- und Produktivitätsdruck (der durchaus im nicht nur partiellen Widerspruch zu Effizienzreserven im Bereich der Selbstverwaltung steht). Um sich für eine Professur zu qualifizieren, wird nun entweder die Arbeit an einer Habilitation oder das erfolgreiche Absolvieren einer Juniorprofessur nötig. Beides ist mit Anforderungen an (international sichtbaren) Publikationen, Lehre, Drittmittelaktivitäten, dem Erlangen von Erfahrungen in der Selbstverwaltung, Vernetzung im Fach gegebenenfalls darüber hinaus und – im Falle einer Mitarbeit auf einer Haushaltsstelle an einem Lehrstuhl (eine Bezeichnung, die vielfach nicht mehr offiziell verwendet wird, aber immer noch Verwendung findet und allgemein verstanden wird) – auch durchaus erkleckliche Organisationsleistungen in der Arbeitsgruppe (wie auch einiges mehr). Diese multiplen Anforderungen bleiben dabei nicht ohne Folgen (Abbildung 29).

Der Weg zur Habilitation

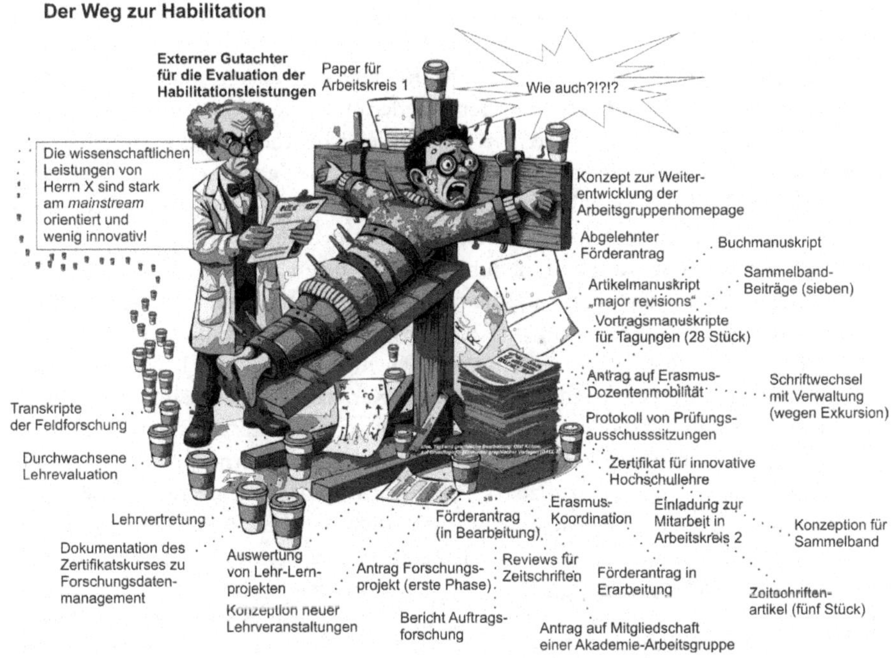

Abbildung 29 Der Weg durch die Postdoc-Phase gestaltet sich in der Regel geprägt durch umfangreiche Anforderungen – und mit ungewissem Ausgang (hinsichtlich einer Festanstellung in der Wissenschaft; Idee, Text und graphische Bearbeitung: Olaf Kühne, auf Grundlage KI-generierter graphischer Vorlagen (DALL-E)).

Kritik an diesen Zuständen lässt sich aus allen Modi üben: Hinsichtlich der Binnenkritik des Wissenschaftssystems, dass in dieser Weise kaum innovative Forschung zu generieren ist, die auch noch im internationalen Kontext wettbewerbsfähig sein soll. Metatheoretisch greift wiederum die Kritik, dass in dieser Weise kaum Zeit bleibt, sich fundiert in unterschiedliche Theorien einzuarbeiten, um etwa Komplementaritäten, Schnittmengen, Unterschiede dezidiert abwägen zu können. Aus kaum einer Weltanschauung (bestenfalls aus einer ökonomistischen) heraus lässt sich ein solcher Prozess der eigenen Überbeanspruchung rechtfertigen. Zumal dieser durch unintendierte Nebenfolgen, von gesundheitlichen Problemen, einem rudimentär werdenden Sozialleben außerhalb des universitären Kontextes, der Fokussierung auf ‚kleinstveröffentlichbare Einheiten‘, der Bereitschaft, sich anderweitig beruflich auszurichten etc. geprägt ist. Lebenspraktische Kritik lässt sich etwa daran üben, dass diese Karrierephase mit häufigen Wechseln von Verträgen und Forschungseinrichtungen verbunden ist, was eine kontinuierliche Lebensführung erheblich erschwert (Umzüge oder Fernpendeln; dazu mehr: Bahr et al., 2024; Eichhorn, 2021). Diese Kritik zusammenfassend, lässt sich das Argument der ‚Bestenauslese‘ schwerlich nachvollziehen, wenn eine Auslese erfolgt, dann bestenfalls die der (aus den unterschiedlichsten Gründen) Resilientesten (dazu aber später mehr). Diese Arbeitsbedingungen werden häufig besonders belastend für weibliche Post-Docs, wenn zu der Arbeit in Forschung und Lehre auch Care-Arbeit hinzutritt (Abbildung 30).

Abbildung 30 Als besonders herausfordernd gestaltet sich die Postdoc-Phase, wenn sie mit einer Familiengründung parallelisiert – insbesondere für weibliche Wissenschaft Treibende (Idee, Text und graphische Bearbeitung: Olaf Kühne, auf Grundlage KI-generierter graphischer Vorlagen (DALL-E)).

Vor dem Ruf auf eine (nicht allein unbefristete) Professur steht die Berufungsprozedur an. Aufgrund ihrer Bewerbungsunterlagen (in der Regel: akademischer Lebenslauf, Publikationsverzeichnis, Verzeichnis der abgehaltenen Lehrveranstaltung, Verzeichnis der Drittmitteleinwerbungen, studentische Lehrevaluationen) werden mehrere Kandidat~innen zu einem Probevortrag (manchmal auch: wissenschaftlicher Vortrag und Probevorlesung) für die Fachöffentlichkeit (klassische Vorderbühne) und Gespräch mit der Berufungskommission eingeladen (im einschlägigen Jargon wird dieses Vorstellen auch als ‚Vorsingen‘ ironisiert). Gerade im Gespräch mit der Berufungskommission, in dem Elemente der Vorder- und der Hinterbühne vermischt werden, werden bisweilen unterschiedlichen Erwartungen an eine mögliche künftige Tätigkeit in Verbindung mit der zu besetzenden Professur manifest (Abbildung 31): Der Erwartung von Kandidat~innen, Lehre möglichst hochwertig ausfüllen zu können, steht die Erwartung der Institutsmitglieder gegenüber, dass die mit der Professur (im Modulhandbuch) zugeordneten Lehrveranstaltungen von dieser ohne weiteren organisatorischen Aufwand Dritter angeboten werden. Dies (aber auch ähnlich gelagerte Erwartungsdivergenzen) führt bisweilen zu Dialogen, die außerhalb des universitären Kontexts zumindest erklärungsbedürftig sind. In diesem Falle ist die Basislinie, nicht völlige Kenntnisfreiheit, sondern ein Jenseits-der-eigenen-Spezialisierung. Soll diese Karikatur in das dargelegte Kritikschema eingeordnet werden, lässt sich hier wiederum eine doppelte Binnenkritikerwartung erkennen, die jeweils auf unterschiedlichen spezifischen sozialen Konstruktionen beruht. Also der Erwartung der Kritik an der normativen Haltung, alles müsse nur wie bislang (mehr oder minder) reibungslos funktionieren, versus jener, die neue institutionelle Umwelt müsse eigene Spezifika respektieren und sich anpassen.

Abbildung 31   Das Gespräch mit der Berufungskommission im Rahmen der Besetzung einer Professur nimmt bisweilen überraschende Wendungen (Idee, Text und graphische Bearbeitung: Olaf Kühne, auf Grundlage KI-generierter graphischer Vorlagen (DALL-E)).

Gelingt es dann (trotz nicht ganz glatt gelaufener Vorstellung; zur Beruhigung: sie läuft auch bei anderen nicht glatt), nach erfolgreichen Berufungsverhandlungen (etwa über Mittelausstattung) berufen zu werden, steht nach einer (mehr oder minder festlichen) Urkundenübergabe (und Vereidigung bei Beamten) bald der Eintritt in den Alltag einer Professorin oder eines Professors an. Dieser gestaltet sich zumeist sehr weit abseits von den Inszenierungen auf den Vorderbühnen von Lehrveranstaltungen, Tagungen, Medienauftritten etc. in erheblichen Teilen in Form eines Durchdringens eines Netzes bisweilen kleingliedriger administrativer Aufgaben, mit Vorgaben, die nicht zwingend auf den ersten Blick (auch nicht den zweiten) zwingend einsichtig sind oder auch eher verhalten an aktuelle Bedingungen angepasst werden (wie etwa maximal akzeptierte Übernachtungskosten; Abbildung 32).

Die vielfach so beschriebene ‚Bestenauslese‘ gestaltet sich in einem System teilweise extremer Spezialisierung weniger als eine bewusste oder strategische ‚Auslese‘, sondern als eine Aneinanderreihung von Zufällen. Dies reicht von Thema, betreuender Person in der Masterarbeit über die Möglichkeit zu promovieren (die Promotion zu finanzieren), Menschen zu treffen, die einem entscheidende Hinweise geben, eine Post-Doc-Stelle zu bekommen, den kontextual passenden Antrag zu stellen, Themen zu bearbeiten, denen eine aktuelle Aufmerksamkeit (primär im Wissenschaftsbetrieb, aber auch darüber hinaus) zukommt, Arbeitsbedingungen zu haben, die eine wissenschaftliche Weiterentwicklung begünstigen, aber nicht zuletzt geforderte Profile von ausgeschriebenen Stellen, die sich mit der eigenen Schwerpunkten decken. Wobei der Grad des Zufalls in gewissem Maße gesteuert werden kann (ausführlicher in diesem Zusammenhang: Kaiser & Maasen, 2010; Weingart, 2015).

Guten Morgen, hinsichtlich Ihrer Dienstreise vom 12.4.-16.4. haben sich einige Unstimmigkeiten ergeben:
- In Ihrem Dienstreiseantrag haben Sie eine Rückreise zum Wohnort beantragt, gereist sind Sie zum Dienstort, bitte begründen Sie dies.
- Sie haben am Ort der Dienstreise ein Taxi genutzt, bitte begründen Sie dies.
- Die Hotelrechnung hat nicht die vorgeschriebene Form, bitte reichen Sie diese in korrekter Form nach, ansonsten können wir nur den Mindestsatz erstatten.
- Zudem überschreiten die Kosten für das Hotel in den ersten beiden Nächten die zulässige Höhe, bitte schreiben Sie eine Begründung.
...

Abbildung 32 Nach der Übergabe der Ernennungsurkunde (vorbereitend auch bereits provisorisch davor, so gilt es etwa schon die Lehre für das erste Semester nach der Einstellung zu planen) beginnt rasch nach Dienstantritt der universitäre Alltag und der ist mit Herausforderungen versehen, die häufig mit den Darstellungen auf der Vorderbühne wenig zu tun haben (Idee, Text und graphische Bearbeitung: Olaf Kühne, auf Grundlage KI-generierter graphischer Vorlagen (DALL-E)).

4.5 Theoretische Zugriffe – und in ihre praktischen Konsequenzen

Ach ja, da war ja noch was: Wissenschaft. Auch, wenn es in diesem Buch primär um das Leben mit und im Kontext von Wissenschaft geht und nicht um Wissenschaft selbst, ergeben sich doch auch Bezüge zu deren Inhalten. Die im Folgenden dargestellten Bezüge ergeben sich aus meinem Forschungsfeld aus dem Schnittbereich von Geographie, Politikwissenschaft, Soziologie, Philosophie, Wissenschaftstheorie (und anderen). Ich kann nicht in Abrede stellen, dass sich daraus eine gewisse *déformation professionelle* ergibt, die sich in den Karikaturen äußert (dies betrifft insbesondere meinen Forschungsschwerpunkt der sozialwissenschaftlichen Landschaftsforschung). Zunächst fokussiere ich unterschiedliche theoretische Ansätze, zunächst allgemein, dann für die Landschaftsforschung. Diese beiden Karikaturen sollten in gewissem Grade selbsterklärend sein (für einen tieferen Einblick für die Landschaftsforschung: Kühne, 2019; Winchester et al., 2003; Wylie, 2007; in wissenschaftliche Theorien allgemein: Bauberger, 2016; Carrier, 2017; Chalmers, 2006 [1996]; Kühne & Berr, 2021; Lorenzen, 1974; Poser, 2012; Seiffert, 1996a, 1996b; Tetens, 2013).

Insbesondere in Geistes- und Sozialwissenschaften erfolgt die Bearbeitung von Fragestellungen häufig unter Nutzung des Werkzeugs der Theorie. Der vokabulare Austausch mit unterschiedlichen theoretischen Grundhaltungen gehört entsprechend zu den zentralen Tätigkeiten. Abbildung 33 hat eine Diskussion um unterschiedliche theoretische Zugriffe auf Landschaft zum Thema. Die Befassung mit Theorie hat dabei nicht nur zur Folge, dass die sie Vertretenden häufig einer „Wahrnehmungsdressur" unterliegen und Welt stets unter dem Filter der eigenen Theorie konstruieren, sie hat auch zur Folge, dass die vertretene Theorie (eine fundierte Auseinandersetzung damit bedeutet auch einen hohen Zeitaufwand) vielfach quasi zum Teil der eigenen Identitätskonstruktion heranreift. Dies wiederum kann dazu führen, dass alternative theoretische Zugänge zu Welt gegenüber dem eigenen als weniger nützlich oder legitim verstanden werden.

Abbildung 33 Landschaft aus unterschiedlichen theoretischen Perspektiven (Idee, Text und graphische Bearbeitung: Olaf Kühne, auf Grundlage KI-generierter graphischer Vorlagen (DALL-E)).

Perspektiven auf Landschaft

Essentialistin: Welch eine schöne Landschaft! Hier erkennt man ihr Wesen, das seit Jahrtausenden durch Natur und Kultur geformt wurde!

Positivist: Ich sehe nur unterschiedlich verteilte Flächennutzungsformen in der Landschaft. Die lassen sich vermessen und kartieren.

Sozialkonstruktivistin: Dass Ihr das, was ihr hier seht, Landschaft nennt, geht auf lange Konventionalisierungsprozesse zurück!

Kritischer Landschaftsforscher: Genau! Und diese Konventionen sind Ausdruck von Machtprozessen! Wie auch die Flächennutzung, mein lieber Positivist!

Poststrukturalist: Die Konventionen von Landschaft sind Ergebnisse diskursiver Herrschaftsperpetuierung! Marginalisierte Diskurse über Landschaft konnten sich nicht durchsetzen!

Kritischer Landschaftsforscher: Mal ehrlich, das wirklich Wesentliche sind doch die objektiven Klassenstrukturen!

Phänomenologe: Objektive Klassenstrukturen? Wo ist denn da der Bezug zu Landschaft?! Landschaft ist das individuelle Erleben von Raum, insbesondere mittels des Halbdings der Atmosphäre!

Akteurs-Netzwerk-Theoretikerin: Ja, sicherlich auch, aber zunächst ist Landschaft ein sich ständig wandelndes Netzwerk der Beziehungen von nicht-menschlichen und menschlichen Akteuren.

Pragmatist: Leute, so können wir ewig weitermachen. Aber ich frage mit Dewey: Wo ist das Problem?

Essentialistin: Das fragst Du allen Ernstes? Das Problem ist, dass die industrielle Land- und Forstwirtschaft das Wesen der Landschaft zerstört!

Positivist: Was soll denn das sein? Wabert das Wesen irgendwo zwischen den Molekülen? Nein, das Problem ist eher die Qualität der Daten, die wir für Modellierungen zugrunde legen!

Neopragmatistin: Glaubt Ihr wirklich, Ihr könntet die Welt mit Daten abbilden?

Positivist: Natürlich, denn...

Kritischer Landschaftsforscher: Genau da liegt ja das Problem: Die Erhebung von Daten führt zu einer Scheinobjektivierung. Die wiederum ist Grundlage für die Kolonisierung der Lebenswelt durch das System.

Systemtheoretiker: Da werde ich hellhörig! So einfach ist es nun auch nicht in einer funktional differenzierten Gesellschaft. Hier schreiben sich unterschiedliche gesellschaftliche Teilsysteme gemäß der eigenen Logik in den materiellen Raum ein. Das Problem liegt darin, dass sie dabei ökosystemische Grundlagen ignorieren.

Positivist: ...und um das abschätzen zu können, brauchen wir dreierlei: Daten, Daten, Daten!

Phänomenologe: Das ist doch immer die Antwort auf alle Fragen aus Eurer Perspektive. Aber Ihr seid so in Daten gefangen, dass ich nicht mehr in der Lage seid, die Atmosphäre zwischen Euch und der Landschaft zu erspüren! Das ist doch das Problem der modernen Welt!

Kritischer Landschaftsforscher: Sag ich doch, die instrumentelle Logik des Menschen zur Natur und sich selbst ist das Problem.

Idee, Text und graphische Bearbeitung: Olaf Kühne, auf Grundlage eines eigenen Fotos und KI-generierter Vorlagen (DALL-E)

Pragmatist: Ohh, Leute, ich gehe ein praktisches Problem lösen und sag dem Menschen, er soll unseren Bus nicht zuparken!

Poststrukturalist: Manchmal ist er unerträglich trivial! Es geht doch um das Problem, wie sich der hegemoniale Diskurs einer herrschenden Ästhetik durchsetzen konnte und wie wir diesen durch einen weniger mit Zwang versehenen ersetzen können! Ja müssen!

Neopragmatistin: Ich unterbreche ja ungern, aber in einer halben Stunde wartet unser Abendessen im Hotel. Hier ein kurzes Resümee: Multiperspektivität ist dann hilfreich, wenn es eine konkrete Fragestellung zu beantworten gilt. Und alle einsehen, dass andere Perspektiven auch Ihre Berechtigung haben. Können wir hier einen Konsens erzielen?

(Das Abendprogramm der Neopragmatistin wurde spontan geändert.)

Theorien haben nicht allein einen Einfluss auf die sozial rückgebundene individuelle Konstruktion von Welt, theoretische Grundlagen beeinflussen wiederum auch die erzielten (und nicht zuletzt: die zu erzielenden) Ergebnisse in nicht unerheblicher Weise. Dies ist nun das Thema von Abbildung 34. Mit der Karikatur lässt sich auch der neopragmatistische Ansatz verdeutlichen, bei komplexen Fragestellungen unterschiedliche Theorien heranzuziehen, da eine einzelne Theorie kaum in der Lage ist, diesen angemessen zu deskribieren (kleine Werbeeinheit).

Die Ergebnisse nach einem Jahr Arbeit unterscheiden sich durchaus...

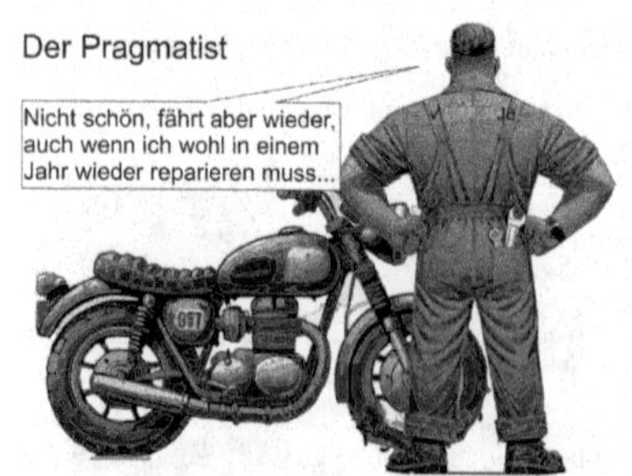

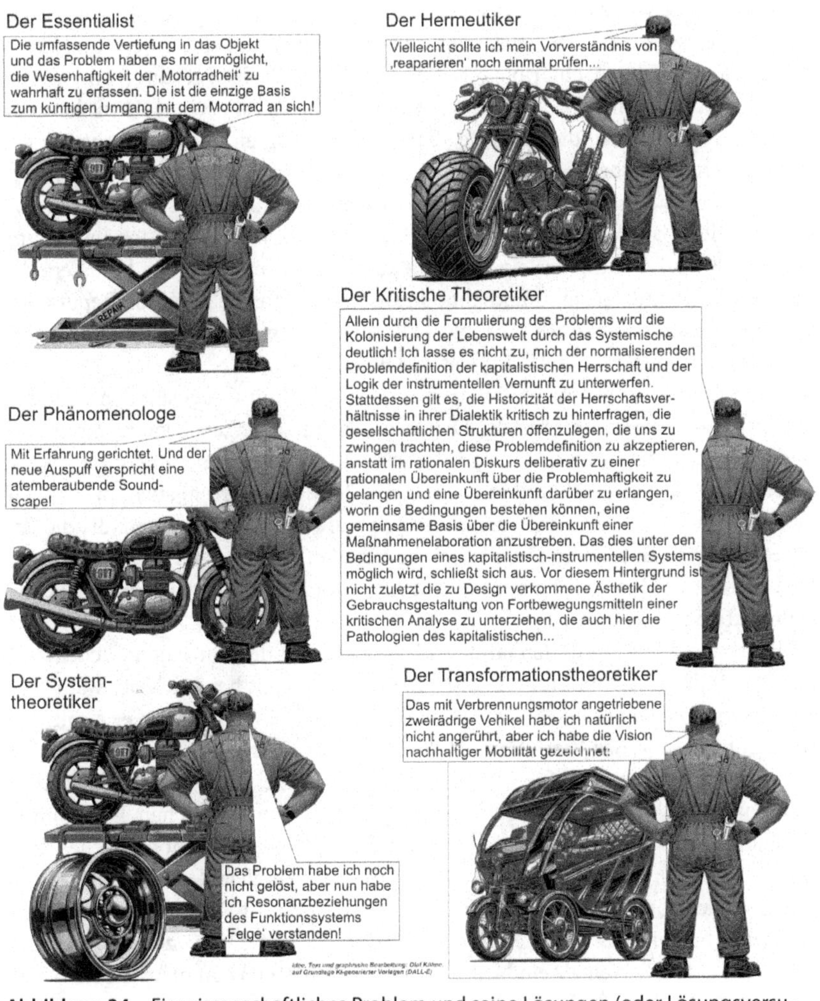

Abbildung 34 Ein wissenschaftliches Problem und seine Lösungen (oder Lösungsversuche) – hier finden sich deutliche Unterschiede (Idee, Text und graphische Bearbeitung: Olaf Kühne, auf Grundlage KI-generierter graphischer Vorlagen (DALL-E)).

Die beiden bis dato in diesem Abschnitt vorgestellten Karikaturen sind insbesondere in einer meta-theoretischen Kritik begründet, nämlich an der Tendenz zu einem gewissen theoretischen Fundamentalismus, der auch in Teilen in der Wissenschaft um sich gegriffen hat. Die Folge ist eine Verarmung (akzeptierter) Perspektiven. Dies hat wiederum (dem Modus der Kritik der unintendierten Nebenfolgen zufolge) die Konsequenz, dass bestimmte Aspekte eines komplexen Gegenstandes unbeobachtet bleiben oder nützliche Problemlösungen nicht entwickelt werden (können). Aus Perspektive der lebenspraktischen Kritik können ebenfalls Nebenfolgen, die einer Regelung von Konflikten im Wege stehen, identifiziert werden: Insbesondere, wenn Theorien intensiv weltanschaulich verknüpft sind, können sie die Grundlage einer dichotomisierenden (wissenschaftlichen) Konstruktion von Welt bilden. Eine Folge einer solchen Konstruktion wiederum kann in der Aufwertung der eigenen gegenüber anderen Positionen bestehen. Bestehen nun Konkurrenzen um knappe Ressourcen (finanzielle Mittel, Reputation etc.), kann ein eskalierender Konflikt entstehen (siehe dazu auch Abschnitt 3.2), der Auswirkungen auf die Alltagswelt von Beteiligen hat.

Die folgende Karikatur (Abbildung 35) setzt sich mit Gegenständen oder Zugangsweisen auseinander, für die Denkerinnen und Denker bekannt geworden sind. Die Karikatur ist als Quiz angelegt, wir sind ein wenig über die Mitte des Karikaturenteils hinaus, da könnte in der einen oder dem anderem auch die Lust auf etwas Aktiveres aufgekommen sein. Insofern wäre dann für Personen, die die Karikatur als Quiz nutzen wollen, die Zeit gekommen, nun von der Lektüre abzulassen und sich der Karikatur zuzuwenden. Alle anderen sind eingeladen, die Lektüre unmittelbar fortzusetzen.

Beginnen wir also mit den Hintergründen, die mit den einzelnen Kacheln verbunden sind: A1: Georg Simmel. Ich gebe zu, hier spielt bei der Motivwahl meine *déformation professionelle* als Landschaftsforscher in gewisser Weise mit hinein, schließlich ist das Werk Simmels mannigfaltig. Bezug ist hier einerseits die ‚Philosophie der Landschaft‘ aus dem Jahr 1913 (Simmel, 1990), in der Simmel einen Kontrapunkt zu dem seinerzeit verbreiteten essentialistischen Verständnis von Landschaft setzt und Landschaft als das Ergebnis eines schöpferischen Prozesses – ähnlich der Komposition eines Künstlers vergleicht. Der Hintergrund wird gebildet von toskanisch anmutenden Elementen, in Reminiszenz an seiner Befassung mit diesem Raum einige Jahre früher (Simmel, 1907/2019). B1: Bruno Latour. Er entwirft Welt als ein Netzwerk von Beziehungen von menschlichen und nicht-menschlichen Akteuren, die durch die Relationen zu anderen Akteuren bestimmt sind (Latour & Roßler, 2007 [2005]). C1: Friedrich Wilhelm Joseph Schelling. Mit ‚Kaskaden‘ umreißt er gestufte Entfaltungen des Absoluten. In diesem gliedert sich das Eine in immer differenziertere Formen der Natur und des Geistes aus (etwa: Schelling, 2018 [1801]). Eine solche Metapher in das Gegenständ-

Abbildung 35 Theoretiker~innenquiz. Welcher Kontext umschreibt die Person? (Infolge einer nicht vollständig geklärten Rechtslage wurden die Gesichter der betreffenden Personen unkenntlich gemacht; eigene Darstellung auf Grundlage von KI DALL-E generierten Vorlagen).

liche rückzuübertragen, erschien dann naheliegend. A2: Talcott Parsons; alternativ: Niklas Luhmann. Beides sind Systemtheoretiker mit dem Drang, die Welt in Systeme zu ordnen, gesellschaftliche Prozesse und Strukturen auf bestimmte Logiken von Systemen zurückzuführen und zu prüfen, welche Funktion die einzelnen gesellschaftlichen Teilsysteme für das gesamte gesellschaftliche System aufweisen (Luhmann, 1984; Parsons, 1951). Für Luhmann spricht die Entwicklung eines Systems von Aufzeichnungen mittels Zettelkasten, mit dem er seine „exzessive[…] und interdisziplinär breit angelegten Lektüre systematisch organisiert hat" (J. Schmidt, 2025, o. S.). Die Zettelkästen, „dokumentieren die Theorieentwicklung auf eine einzigartige Weise, so dass man die Sammlung auch als eine intellektuelle Autobiographie verstehen kann" (J. Schmidt, 2025, o. S.). B2: Richard Rorty. Er darf natürlich in einem Buch, das auf neopragmatistischen theoretischen Grundlagen basiert, nicht fehlen. Richard Rorty jongliert hier mit Büchern, die unterschiedliche Vokabulare symbolisieren (dazu: Rorty, 1997 [1989], 2023). C2: Karl Marx und Friedrich Engels. Unter dem Eindruck des Elends der Arbeiterschaft der letzten Jahrzehnte der ersten Hälfte des 19. Jahrhunderts befassen sie sich mit dessen Entstehung und entwickeln Ideen zu dessen Lösung (Marx, 2014 [1872]; Marx & Engels, 2022 [1848]). A3: Ralf Dahrendorf. Neben seiner Rollentheorie hat insbesondere seine Konflikttheorie Niederschlag in der soziologischen Theoriebildung gefunden. Hierin befasst er sich nicht allein mit den strukturellen Gründen der Entstehung von Konflikten und deren Verlauf, sondern auch mit Möglichkeiten von deren Regulierung. Dies ist Gegenstand der Darstellung. B3: Karin Knorr Cetina. Auf Grundlage von Studien in Laboren gelangt sie (mit Bruno Latour und Steve Woolgar) zu dem Schluss, dass wissenschaftliche Erkenntnis weniger als kognitiver Prozess beschrieben werden könne, der auf bestimmten methodischen Voraussetzungen beruht, sondern eher als ein sozialer Konstruktions- und Herstellungsprozess beschrieben werden kann, der von bestimmten Bedingungen abhängt, von zur Verfügung stehenden Ressourcen bis hin zu individuellen Karriereplanungen (Knorr, 1980; Knorr-Cetina, 2002). C3: Johann Gottlieb Fichte. Für ihn ist Gefühl eine unmittelbare, nicht reflektierte Form des Selbstbewusstseins. Durch das Gefühl erfährt das Ich seine eigene Begrenzung durch das Nicht-Ich (Fichte, 1997 [1794]; Lohmann, 2023). A4: Max Horkheimer und Theodor W. Adorno. Sie kritisieren die moderne Aufklärung, indem sie davon ausgehen, dass diese anstatt zu einer Emanzipation des Menschen zu führen, in neue Formen von Herrschaft, insbesondere Massenbetrug und Entfremdung umgeschlagen sei. Zentrales Instrument sei hierbei die Kulturindustrie (Horkheimer & Adorno, 1969). B4: Judith Shklar. Die Struktur des Weges ist in der Darstellung bei Shklar ähnlich der Fichtes, nur wird der Weg nicht von Gefühlen sondern von potenziell Schmerz erregenden Objekten gesäumt – ihre politische Philosophie ist als eine Auseinandersetzung damit zu verstehen, wie menschliches Leid vermindert werden kann (Shklar, 1990, 2020). C4: Karl R. Popper. Wohl eines der wichtigsten Bilder der Geschichte der Wissenschaftstheorie, hier zur Verdeutlichung, dass wissenschaftliche Theorien niemals endgültig verifiziert, aber stets falsifiziert werden können: Für die Aussage ‚alle Schwäne sind weiß‘ genügt die Entdeckung eines schwarzen Schwans, um diese zu falsifizieren (Popper, 1959). A5: Gilles Deleuze. Anstelle der Vorstellung einer baumartigen Struktur von Wissen, versteht er Rhizome als ein Modell für Wissen, Denken und soziale Strukturen. Diese seien nicht hierarchisch oder linear, sondern vielfältig, vernetzt und dezentral strukturiert, eben wie ein Wurzelgeflecht ohne Anfang und Ende (Deleuze & Guattari, 1987). B5: Gottfried Leibniz. Er versteht Monaden als einfachste, unteilbare, geistige Substanzen. Diese enthalten jeweils ein in sich geschlossenes Spiegelbild des gesamten Universums. Sie sind ohne direkte Wechselwirkung durch eine von Gott vorbestimmte Harmonie aufeinander abgestimmt (Leibniz, 2019 [1714]), hier symbolisiert durch schwebende Glaskugeln (diese Vorstellung lässt sich als Gegenmodell zu jener der Rhizome von Deleuze, aber auch dem Panrelationalismus Rortys verstehen). C5: Max Weber. Er beschreibt Bürokratie als eine rationale, regelgeleitete Form sozialer Bezugnahmen. Sie besteht aus festen Zuständigkeiten, Amtsführung nach Regeln, Arbeitsteilung wie einer hierarchischen Verwaltungsstruktur. Für ihn beschreibt sie die effizienteste Form legaler Herrschaft (Weber, 1976 [1922]). Eine Bemerkung dazu: Diese nahezu maschinenhafte Ordnung, die Weber annahm, kann – wie sein Berufsverständnis von Wissenschaft Treibenden – als Vergleichsfolie dienen, um etwa aktuelle Entwicklungen zu beobachten. Die eine oder andere Divergenz hiervon wurde und wird in der einen oder anderen Karikatur in diesem Buch thematisiert. A6: Karl Rosenkranz. Beschäftigte sich bis zum Erscheinen seiner ‚Ästhetik des Hässlichen‘ (Rosenkranz, 1996 [1853]) die philosophische Ästhetik insbesondere mit dem Schönen, aber auch dem Erhabenen und dem Pittoresken, geriet nun das von ihm so verstandene ‚Negativ-Schöne‘ ins Visier. B6: Michel Foucault. Das panoptische Gefängnis als Metapher für die Gesellschaft, jede Person handelt so, als ob sie ständig unter Beobachtung stünde und handelt entsprechend nach den Interessen der Mächtigen (Foucault, 2012 [1985]). C6: Peter Berger und Thomas Luckmann. Unter Sedimentation (hier bildlich dargestellt) verstehen sie einen Prozess, in dem Handlungen, Bedeutungen und soziale Routinen durch Wiederholung verfestigt werden. Schließlich werden sie als objektive Wirklichkeit erlebt. Dabei verlieren sie ihren ursprünglichen subjektiven Sinn und erscheinen so als ein selbstverständlicher Teil der sozialen Welt, der nicht mehr hinterfragungsbedürftig ist (Berger & Luckmann, 1966).

Diese wenigen Karikaturen zeigen die Ambivalenz von Theorie und wissenschaftlicher Praxis, sie können erkenntnisfördernd wie potenziell begrenzend wirken. Theorien strukturieren Wahrnehmung und Erkenntnis, sie lassen sich als Werkzeuge der Welterschließung verstehen. Insbesondere bei starker weltanschaulicher Verankerung können sie aber auch zur Verengung von Perspektiven führen – und nicht zuletzt zur Reproduktion akademischer Machtverhältnisse. Die hier vorgestellten Karikaturen lassen sich als Einladung verstehen, diese Dynamiken kritisch, aber mit einem Augenzwinkern zu reflektieren. Aus neopragmatistischer Perspektive eröffnen sie eine Möglichkeit, theoretische Vielfalt als Ressource im Umgang mit komplexen Fragestellungen zu verstehen.

4.6 Nebenfolgen des Lebens mit Wissenschaft

Bevor wir uns wieder dem Wissenschaftsbetrieb mit seinem kleinen und großen
Scheitern, dem alltäglichen Scheitern in den Routinen und an eigenen Ansprüchen, an den Ansprüchen an das ‚System' befassen, richten wir den Blick auf ein
Scheitern, dass einerseits an uns herangetragen wird (ich spreche von Erfahrungen mit unterschiedlichsten Bahnunternehmen), andererseits auch, Menschen
außerhalb der Wissenschaft (auch anderen Fächern) Interesse am eigenen For-
schungsgegenstand nahezubringen.

Wer im Wissenschaftsbetrieb arbeitet, reist gemeinhin viel: Konferenzen, Kolloquiumsvorträge, Workshops, Gastprofessuren, Forschungsreisen etc. verlangen ebenso nach Ortswechseln wie das häufig praktizierte Fernpendeln infolge von Arbeitsplatzwechseln, die sich im Wissenschaftsbetrieb ergeben (und dem Wunsch nicht immer ständig umzuziehen, was nicht zuletzt durchaus auf den Wunsch nach stabilen Partnerschaften durchaus herausfordernd wirken würde). Die Gründe für die Wahl des Verkehrsmittels ‚Bahn' sind dabei vielfältig: Sie reichen von moralischen Einstellungen (klimaschonender zu reisen), über pragmatische Überlegungen (Reisezeiten für die Arbeit nutzen zu können) bis hin zu administrativen Vorgaben (Dienstreisen nur in begründeten Ausnahmefällen mit dem Auto oder dem Flugzeug durchzuführen). Die häufigen Verspätungen (verbunden mit nicht seltenen Zugausfällen) führen insbesondere bei dem Bedarf, Anschlusszüge zu erreichen, zu dem Eindruck, an einer Lotterie teilzunehmen, bei der der Hauptpreis eine ungefähr pünktliche Ankunft ist (Tagesschau, 2025). Dazu gesellt sich eine Kommunikation von Verspätungen, die nicht immer nachvollziehbar ist – und bisweilen selbstwidersprüchlich (Abbildung 36). An dieser Stelle zeigt sich der Wert Logischer Propädeutik, also jener Grundlagen von Philosophie, die sich mit logisch nachvollziehbaren Aussagen befasst.

Abbildung 36 Scheitern der Bahn in Logischer Propädeutik (Idee, Text und graphische Bearbeitung: Olaf Kühne, auf Grundlage KI-generierter graphischer Vorlagen (DALL-E) und eigenem Foto).

Selbst Logische Propädeutik ist begrenzt hilfreich, wenn die Ankunft eines Zuges immer weiter herausgezögert wird. Dafür können (potenzielle) Fahrgäste bisweilen Bingo spielen, bis alle Begründungen genannt sind. Was allerdings hinsichtlich der eigentlichen Intention, den Bahnhof aufzusuchen, auch möglicherweise (wie im in Abbildung 37 dargestellten Fall) nicht weiterhilft.

Deutsche Bahn Bingo

Abbildung 37 Scheitern nach fünf Anläufen (eigene Darstellung auf Grundlage eines eigenen Fotos).

Ein anderes Beispiel des Scheiterns der Deutschen Bahn bei der Bewältigung von Raumzeitverschränkungen zeigt Abbildung 38. Interessant bis bedenklich erscheint das dahinter liegende Bewusstsein, die auf der Erde geltenden Verhältnisse zwischen Raum und Zeit außer Kraft setzen zu können, dies angesichts der Tatsache, dass sie daran scheitert, eine halbwegs zuverlässige ICE-Verbindung zwischen Stuttgart und Mannheim zu betreiben.

Abbildung 38 Scheitern der Bahn an der semantischen Referenz von raumzeitlichen Zusammenhängen (Idee, Text und graphische Bearbeitung: Olaf Kühne, auf Grundlage KI-generierter graphischer Vorlagen (DALL-E)).

Innerhalb von Deutschland werden sich wenige über die bis dato vorgestellten Karikaturen wundern, vielmehr werden zahlreiche ähnlich oder sogar absurdere Vorkommnisse bei jenen, die häufiger Bahn fahren, in den Sinn kommen. Herausfordernd wird die Sache wirklich, wenn Menschen, die kein oder kaum Deutsch verstehen, sich in den Herrschaftsbereich der Deutschen Bahn (und ihren Konkurrenten) begeben. Mittlerweile dürfte ein Buch wie dieses nur mit dem Erleben im Kontext Bahn durch Personen gefüllt werden können, die mir davon berichteten. Pars pro toto eine Karikatur eines Kollegen aus den Vereinigten Staaten (er hat dann doch noch zu seinem Hotel am Frankfurter Flughafen gefunden, dass er sicherheitshalber gebucht hatte, um nicht am selben Morgen von Tübingen nach Frankfurt reisen zu müssen, mit drei Stunden Verspätung; Abbildung 39).

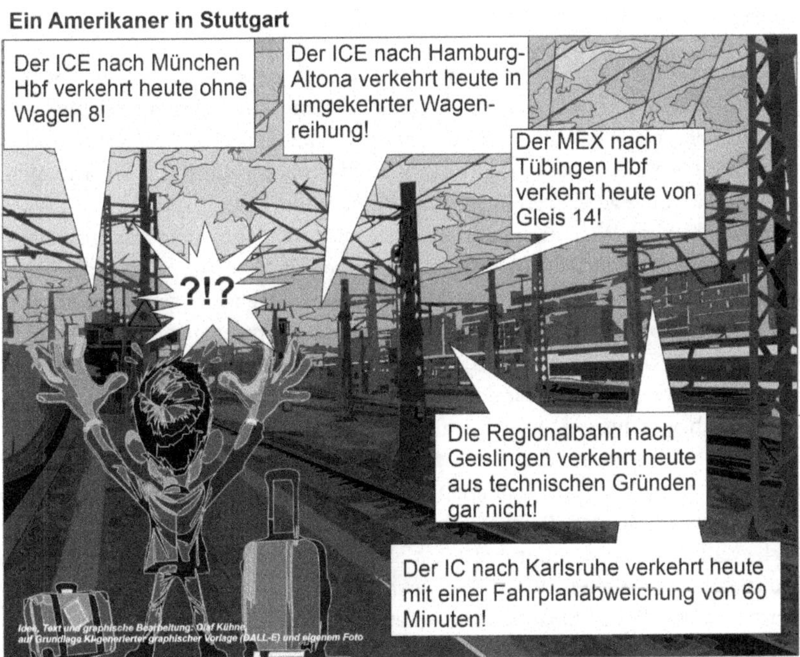

Abbildung 39 Das Scheitern der Bahn daran, (potenziellen) Fahrgästen ihr Scheitern zu vermitteln (Idee, Text und graphische Bearbeitung: Olaf Kühne, auf Grundlage KI-generierter graphischer Vorlagen (DALL-E) und eigenem Foto).

Die Kritik an dem Leben in und mit der Bahn ließe sich auf allen Ebenen durchdeklinieren, herausgehoben in Bezug auf eine Binnenkritikerwartung seitens der Verantwortlichen der Bahn. Es stellt sich aber auch die Frage, die aus der Meta-Kritik erwächst, ob es nicht pragmatischer wäre, einfach die Erwartungen an einen halbwegs geregelten Betrieb der Bahn weiter abzusenken.

Das Leben von Wissenschaft Treibenden spielt sich indes nicht allein in Büros, Seminarräumen, Hörsälen, bei einigen Disziplinen auch Laboren oder in der Bahn ab (bisweilen auch in Flugzeugen), es gibt Anlässe, zu denen es sich nicht vermeiden lässt, am sozialen Leben, jenseits der vertrauten Umgebungen teilzunehmen. Wie etwa Partys. Gespräche laufen immer wieder nach einem vergleichbaren Muster ab, wenn eine Benennung der eigenen beruflichen Tätigkeit erfolgt. Häufig wird ein Ausweg aus der vertrackten Situation gesucht (Abbildung 40). Denn in den seltensten Fällen möchte sich wirklich jemand ernsthaft über Wissenschaft austauschen. Was ich aber auch niemandem ernsthaft verübeln kann, mein Interesse an Finanzderivaten, Beihilferecht oder Fahrradaktivismus ist auch begrenzt. Auch wenn ich der Meinung bin, dass Neopragmatismus das Leben bereichert und die eigene Gelassenheit erhöht, verspüre ich auf Partys wenig Ehrgeiz, ihn Menschen, die ein begrenztes Interesse daran zeigen, nahezubringen.

Abbildung 40 Wissenschaftliche Inhalte können zum Hindernis in Kommunikationsprozessen werden (Idee, Text und graphische Bearbeitung: Olaf Kühne, auf Grundlage KI-generierter graphischer Vorlagen (DALL-E)).

Ein anderer nahezu archetypischer Kommunikationsverlauf, nachdem die eigene berufliche Tätigkeit genannt wurde: Eine Litanei an Gründen, warum die eigene berufliche Karriere nicht in der Wissenschaft stattfindet oder stattgefunden hat, bisweilen ergänzt durch Anmerkungen, die dem lange (zu Recht) totgeglaubten Altherrenwitz zu entspringen scheinen (Abbildung 41). Was viele dieser Situationen verbindet, in akademischen Kreisen scheint es weithin begründungbedürftig zu erscheinen, keine Karriere an der Universität zu machen oder gemacht zu haben – und zu unterstreichen, dass dies aber auf alle Fälle möglich gewesen wäre oder noch möglich ist. Jedenfalls waren die Bedingungen an der Universität zu schlecht oder die eigenen Interessen liegen woanders. Oder beides.

Das Leben in und mit Wissenschaft ist mit einer Vielzahl alltäglicher Nebenfolgen verbunden. Diese haben oft wenig mit dem wissenschaftlichen Arbeiten selbst zu tun, prägen aber dennoch das Leben als Wissenschaft Treibende (mit). Zwei Bereiche wurden in diesem Abschnitt herausgegriffen: Das alltägliche Scheitern der Bahn, die eigene Aufgabe des Transportes von Personen (und Gütern) in einem bestimmten selbst gesetzten Zeitrahmen zwischen bestimmten Orten zu gewährleisten, wie auch Kommunikationsroutinen im sozialen Alltag jenseits universitärer Kontexte. Die hier vorgestellten Karikaturen verweisen auf die Eigenheiten und Anforderungen eines Lebensstils, der zugleich mobil, erklärungsbedürftig und von pragmatischen Resilienzanforderungen geprägt ist. Dabei wird deutlich: Wissenschaft wird nicht in einem luftleeren Raum vollzogen (etwa dem vielfach herangezogenen Glasturm), vielmehr ist sie eingebettet in eine nicht widerspruchsfreie soziale Wirklichkeit, mit kleinen Zumutungen des Scheiterns.

Abbildung 41   Die vielen Gründe, nicht weiter in der Wissenschaft zu arbeiten oder arbeiten zu wollen (Idee, Text und graphische Bearbeitung: Olaf Kühne, auf Grundlage KI-generierter graphischer Vorlagen (DALL-E)).

4.7 Vom alltäglichen Scheitern in der universitären Praxis

Das Leben in und mit der Wissenschaft entwickelt sich in weiten Teilen alltäglich weder an den ‚großen‘ Forschungsfragen noch den Karriereschritten, sondern in einem ‚rhizomartigen‘ (eine Reminiszenz an Deleuze & Guattari, 1987; siehe Abbildung 35) Geflecht von kleinen Erfolgen und kleinem Scheitern. Diese universitäre Alltagspraxis wird nun in diesem, letzten Abschnitt des Karikaturen-Kapitels vorgestellt. Auch hier folge ich wieder ungefähr der Linie der Vertrautheit, von Erfahrungen, die Studierende machen können zu den weiter entfernten Hinterbühnen universitärer Praxen.

In Abhängigkeit von der Position in den universitären Relationalitäten werden Aufmerksamkeitserwartungen von anderen auf unterschiedliche Kontexte in verschiedener Weise gerichtet sein (Abbildung 42): So erwartet der hier dargestellte Dozent, dass eben geäußerte Informationen zu Fristen auch von Studierenden aufgenommen werden, wie Studierende erwarten, dass Betreuende ihrer Abschlussarbeiten deren Themen (stets) präsent haben. Mit einer entsprechenden Verständnislosigkeit bei Nichterfüllung der Erwartung. Ein pragmatischer Umgang mit der Situation bestünde darin, anzuerkennen, dass Studierende der Organisation ihres Studiums höchste Priorität beimessen, wie auch Dozierende noch andere Arbeiten betreuen und andere Projekte verfolgen.

Im Seminarraum

Abbildung 42   Zwei unterschiedliche Binnenkritikerwartungen – ein Ergebnis (Idee, Text und graphische Bearbeitung: Olaf Kühne, auf Grundlage KI-generierter graphischer Vorlagen (DALL-E)).

Auch die nächste Karikatur (Abbildung 43) befasst sich mit dem Thema Erwartungsmanagement. Jedoch geht es hier nicht um eine an andere gerichtete Rollenerwartung, wie in der vorherigen Karikatur, sondern, die Erwartung einen anderen Rollenträger vorzufinden. Hintergrund ist die bisweilen verhaltene Bereitschaft von Personen in späten Phasen der universitären Karriere, sich mit technischen Innovationen im Rahmen der Verbreitung von Forschungsergebnissen (aber auch der Lehre) zu befassen. In Rückgriff auf Abbildung 28 lässt sich dies als Ausdruck der Sehnsucht nach einer geringer komplexen Modus-1-Wissenschaft verstehen. Kritik ließe sich insbesondere im inversen Sinne in Bezug auf Folgen sowie lebenspragmatisch formulieren: Durch nicht vollzogene alltagsweltlich anschlussfähige Kommunikation kann auf die Entwicklung von Vokabularen jenseits des eigenen fachlichen Diskurses so kein direkter Einfluss genommen werden. Wobei auch der Position der Kritik der unintendierten Nebenfolgen eingewandt werden könne, ob eine Wissenschaftskommunikation nicht professionell erfolgen sollte. Damit wären wir wieder bei der Karikatur angelangt, in der eine Professionalisierung angemahnt wird. Der von Panrelationalismus und Kritik kann sich auch anstrengend gestalten.

Abbildung 43 Mit der raschen Folge technischer Innovationen vertauschen sich die tradierten Rollen bisweilen in deutlicher Weise (Idee, Text und graphische Bearbeitung: Olaf Kühne, auf Grundlage KI-generierter graphischer Vorlagen (DALL-E)).

Anstrengend ist auch ein angemessenes Stichwort für den Inhalt von Abbildung 44. Die bisweilen auftretende Faszination für die Triangulation von unterschiedlichen Theorien, Methoden, Datenquellen, Forschendenperspektiven und die Einbindung von Personen jenseits eines akademischen Fokus auf das Thema wie auch unterschiedlichen Darstellungsmöglichkeiten kann dazu führen, ein Forschungsdesign zu entwerfen, das etwas überdimensioniert erscheint (das bereits in Abschnitt 2.1 angeführte Ockhamsche Rasiermesser wurde beiseitegelegt). Anstrengend wird die Sache dann, wenn unterschiedliche an der wissenschaftlichen Arbeit (betreuend oder begutachtend) beteiligte Personen unterschiedliche Vorstellungen haben, was das angemessene Forschungsdesign sei. Dies gilt insbesondere dann, wenn mit dem Publikationserfolg auch ein weiterer Schritt wissenschaftlicher Karriere verbunden ist (Kapitel 4.4), hier kann sich Scheitern im Kleinen durchaus zu relationalen Nachteilen führen (insbesondere im Vergleich mit Mitbewerbenden um rar zur Verfügung stehende Ressourcen, ob in Form von Stellen oder Drittmitteln). Hier wird die Bedeutung eines metatheoretisch-kritischen Zugangs deutlich: Sich mit der Frage zu befassen, welche Theorien sind nötig, um einen komplexen Gegenstand hinreichend zu beleuchten? Was unter ‚hinreichend‘ zu verstehen ist, ließe sich sodann neopragmatistisch behandeln (siehe Kapitel 2.1).

Unterschiedliche Perspektiven auf ein angemessenes Forschungsdesign

Abbildung 44 Das Thema Angemessenheit von Theorien und Methoden, wie auch herangezogenen Daten, wird von Wissenschaft Treibenden durchaus unterschiedlich beantwortet – auch in Abhängigkeit von dem eigenen theoretischen (bisweilen auch weltanschaulichen) Hintergrund (siehe Abschnitt 4.5; Idee, Text und graphische Bearbeitung: Olaf Kühne, auf Grundlage KI-generierter graphischer Vorlagen (DALL-E)).

Die folgende Karikatur verbindet die Aspekte Erwartungsmanagement und anstrengend. Gerade bei Personen in frühen Phasen der wissenschaftlichen Karriere besteht die Erwartung, es bestehe bei potenziellen Interviewpartner~innen ein großes Interesse, sich an der Forschung zu beteiligen. Eine Erwartung, die häufig nicht erfüllt wird, insbesondere dann, wenn Themen behandelt werden, die mit manifesten (ökonomischen, politischen, sozialen oder kulturellen) Interessen besetzt sind (Abbildung 45). Gerade vor dem Hintergrund sich wechselseitig zunehmend ‚argwöhnischer‘ Diskurse und moralisch aufgeladener sozialer Konflikte wird auch Wissenschaft zunehmend als Konfliktpartei konstruiert bzw. versteht sich in Teilen als solche (dazu mehr: Eberl & Lebernegg, 2021; Feige, 2020; Kühne, 2023). Insofern kann das Ansinnen für ein Interview bereit zu stehen durchaus – in unterschiedlicher Intensität (von der Verweigerung einer Antwort, bis hin zu Äußerungen der grundsätzlichen Ablehnung von Politik) – abschlägig beschieden werden. Interpretieren lassen sich diese Veränderungen auch im Kontext neuer Relationierungen von Wissenschaft in Modus 2 (Abbildung 28). Relationierungen, die bisweilen auch nicht immer (kommunikativ) Nutzen stiftend gestaltet sind (Kritik der unintendierten Nebenfolgen und des lebenspraktischen Handelns).

Die erwartete Reaktion vieler Wissenschaft treibender Personen in frühen Karrierephasen auf eine Interviewanfrage...

Die vielfach eintretende Reaktion von für ein Interview angefragter Personen...

Abbildung 45 Zwischen Erwartungen und Resonanzen darauf lassen sich bisweilen deutliche Unterschiede feststellen (Idee, Text und graphische Bearbeitung: Olaf Kühne, auf Grundlage KI-generierter graphischer Vorlagen (DALL-E)).

Das System der Wissenschaft wird häufig als ein meritokratisches beschrieben. Reputation sei an Leistung (nicht nur des Einzelnen, sondern etwa auch ganzer Universitäten) gebunden (Hamann, 2024). Mittels Quantifizierungen soll dann Leistung vergleichbar gemacht werden (etwa zwischen Bewerbern um eine Stelle). Zwei solcher Werkzeuge sind die Zahl der Zitationen und der h-Index. Der h-Index stellt eine Maßzahl dar mit dem Ziel der Messung der Bedeutung eines Wissenschaft treibenden Menschen und dessen wissenschaftlicher Produktivität. Der Index gibt an, wie viele Publikationen (h) eine Wissenschaftler*in mindestens hat, die jeweils mindestens h-mal zitiert wurden (Hirsch, 2005). In Abhängigkeit von der Datenbasis können beide Maßzahlen schwanken, auch finden sich zwischen unterschiedlichen Wissenschaften sehr unterschiedliche Bewertungen desselben h-Index-Wertes. Neben dieser Binnen- bzw. Kontextkritik lässt sich meta-theoretisch kritisieren, ob individuelle wissenschaftliche Leistung überhaupt quantifizierbar ist oder (weltanschaulich-kritisch) nicht einer Ökonomisierung Vorschub leistet. Als Kritik der unintendierten Nebenfolgen lässt sich anführen, ob Wissenschaft Treibende nicht dazu animiert werden, anstelle zur Lösung von Problemen beizutragen, ihre Publikationstätigkeit darauf auszurichten, Publikationen zu produzieren, die eine hohe Zitierwahrscheinlichkeit aufweisen (etwa durch die Produktion von Überblicksartikeln). Wenn wir diese Kritik einer verallgemeinerten Betrachtung zuführen, dann an dem Versuch, mittels diversen Quantifizierungen, die ‚Bedeutung‘ einer Wissenschaft treibenden Person bestimmen zu wollen (neben h-Index und Zahl der Zitationen auch die Summe der eingeworbenen Drittmittel, der Zahl der betreuten Abschlussarbeiten auch die Bewertung durch Studierende in Lehrevaluationen): Hier besteht ein erheblicher Anreiz zur Zweck-Mittel-Vertauschung, Drittmittel werden nicht eingeworben, um Nutzen versprechende Forschung zu ermöglichen, Publikationen nicht geschrieben, um relevante Forschungsergebnisse mit dem Fachpublikum zu teilen, Absolventen werden nicht betreut, um ihnen Lebenschancen zu ermöglichen und Lehre wird nicht am Ziel eines möglichst großen Lehrerfolgs ausgerichtet, sondern es wird das Ziel verfolgt, möglichst quantitativ hohe Werte zu erzielen. Zurück zur Karikatur (Abbildung 46): Auch hier wird nicht das Argument reflektiert (wir gehen davon aus, dass es eines gab), sondern vielmehr auf die Wissenschaft treibende Person abgezielt, der nicht zugestanden wird, eine grundlegende Kritik am eigenen Fach äußern zu können oder zu dürfen.

Abbildung 46 Probleme mit Meritokratie (Idee, Text und graphische Bearbeitung: Olaf Kühne, auf Grundlage KI-generierter graphischer Vorlagen (DALL-E)).

Trotz oder vielleicht auch wegen des Druckes, Publikationen mit einer hohen Resonanz (Indikator: viele Zitationen) verfassen zu sollen, kann die Reaktion auf eine Publikationserwartung sehr prägnant ausfallen (Abbildung 47). Es handelt sich um eine persönliche Erfahrung, ich war die Person, die die Erwartung geäußert hat (als eine Person, die sich Welt mit Freude schreibend erschließt, sind mir graphophobische Anwandlungen fremd, habe aber zum Ausgleich einen ausgeprägten Widerwillen gegen jede Art von Formularen ausgeprägt).

Der Gesichtsausdruck deines Co-Autors, wenn du ihm eröffnest, du seiest der Meinung, das gemeinsame Buchmanuskript könne in zwei Wochen an den Verlag gesandt werden...

Abbildung 47 Die Erwartung, eine Publikation zu verfassen oder mitzuverfassen kann auch bei gestandenen Wissenschaft Treibenden Entsetzen auslösen, vor allem, wenn der Zeitrahmen eng gesetzt ist (Idee, Text und graphische Bearbeitung: Olaf Kühne, auf Grundlage KI-generierter graphischer Vorlagen (DALL-E)).

So sind wir wieder bei einem Thema angelangt, das wir in diesem Buch bis dato primär unter dem Aspekt der Expansion administrativen Aufwandes und der damit verringerten Menge an inhaltlichen Ergebnissen (quantitativ, vor allem aber qualitativ) diskutiert haben. Nun führen sich wandelnde rechtliche Rahmenbedingungen und deren Interpretation (in Kombination mit dem Wunsch, Fehler zu vermeiden) zu einer administrativen Praxis, die bestimmte Arten von Forschung (dies betrifft auch solche in den Sozialwissenschaften) behindert bis verunmöglicht (so viel einmal in Bezug auf die Kritik der unintendierten Nebenfolgen; Abbildung 48). An dieser Stelle lässt sich auch das Thema der unintendierten Nebenfolgen der oben ausgeführten Zweck-Mittel-Vertauschung fortsetzen. Und noch eine persönliche Anmerkung zur Darstellung: Hierbei handelt es sich um meine zuerst erstellte Karikatur für diesen Band. Insofern bitte ich die ungelenke Form der Darstellung zu entschuldigen.

Abbildung 48 Unintendierte Nebenfolgen ehrenwerter Vorhaben (Idee, Text und graphische Bearbeitung: Olaf Kühne, auf Grundlage KI-generierter graphischer Vorlagen (DALL-E)).

Kontextualisieren wir diese Überlegungen einmal mit einer gesamten Beantragung von Fördermitteln. Infolge der Komplexität des Vorgangs und dem nötigen vokabularen Feinschliff, wird hier nun etwas ausgreifender argumentiert (also auch wortreicher), weswegen drei Abbildungen benötigt werden (Abbildung 49, Abbildung 50 und Abbildung 51). Die erfolgreiche Antragstellung ist von vielen Faktoren abhängig, die nur in Teilen von Antragstellenden beeinflusst werden können. Wichtig ist neben dem Rückgriff auf aktuelle (möglichst ‚große‘) Themen (Bolz et al., 2023; es gibt Wissenschaft Treibende, dies diese auch als ‚modisch‘ benennen) auch die passende Wortwahl bei der Antragstellung, es sollte das jeweils aktuelle Begriffsmaterial verwendet werden (eine verbreitete zynische Bezeichnung hierfür: ‚Bullshitbingo‘). Das korrekte, aktuelle ‚Wording‘ nicht zu beherrschen, erweist sich insbesondere bei thematischen Ausschreibungen als nachteilig. Es droht das Scheitern des Antrages. Das ist die Seite, die Antragstellende beeinflussen können. Nicht beeinflussen können sie die Zahl anderer Antragstellenden sowie den Umfang der zur Verfügung stehenden Mittel, auch nicht die Präferenzen der Gutachtenden bzw. des Entscheidungsgremiums, aber auch nicht Vorgaben des (potenziellen) Mittelgebers hinsichtlich der Vorgaben zu Vorarbeiten, Wirtschaftlichkeit oder Diversität. Zu diesen Unsicherheitsaspekten bei der Antragstellung, deren Durchgreifen eine Orientierung am Mainstream nahelegt, tritt auch die Kritik an der Ineffizienz der Forschungsförderung durch Drittmittel, die sich in erheblichen Opportunitätskosten in Bezug auf Zeit und Finanzmittel äußern (Reitz & Janotta, 2025; Schweiger et al., 2025). Wie bereits an der einen oder anderen Stelle des Buches dargelegt, werden solchermaßen als unintendierte Nebenfolgen Ineffizienzen gefördert.

Quiz der Wissenschaften

Kandidatin 1: Erklärung zum Umgang mit Forschungsdaten, Stellungnahme der Ethikkommission, Angaben zur Gendergerechtigkeit…
Moderator: Halt, halt, lassen Sie den Kolleg/innen doch auch was. Auf jeden Fall: Zwei Punkte.
Publikum (Applaus)
Kandidatin 2: Diskussion des Forschungsstandes.
Moderator: Diskussion des Forschungsstandes… ist richtig. Zwei Punkte.
Publikum (Applaus)
Kandidat 3: Oh, jetzt wird es schwierig… Eine innovative Forschungsidee?
Moderator: Hmmm. Wie innovativ denn?
Kandidat 3: Schon innovativ.
Moderator: Aber wir wollen doch die Gutachtenden auch nicht überfordern.
Publikum (einige Missfallensbekundungen)
Moderator: Ein Punkt.
Publikum (Gemurmel)
Moderator: Nächste Frage: Was brauche ich für einem erfolgreichen Antrag zur innovativen Lehre?
Kandidatin 2: Service learning!
Moderator: Richtig, zwei Punkte!
Kandidatin 1: Problem-based learning!
Moderator: Das klappt ja heute! Zwei Punkte!
Kandidat 3: Forschendes Lernen?!
Moderator: Ein Punkt, das geht noch besser!
Kandidatin 1: Research-based learning!
Moderator: Super, danke für die kollegiale Hilfe, aber dafür gibt es nur Anerkennung, keinen Punkt!

Abbildung 49   Auf dem Weg zu einem aussichtsreichen Antrag – das Quiz Teil 1 (Idee, Text und graphische Bearbeitung: Olaf Kühne, auf Grundlage KI-generierter graphischer Vorlagen (DALL-E)).

Moderator: Frage 3: Welches Wort darf zu Wirkungen in keinem erfolgversprechenden Antrag fehlen?
Kandidat 3: Nachhaltigkeit!
Moderator (leicht angewidert): Das ist ein Zustand! Über den Status sind wir hinaus, einen Zustand definieren zu wollen! Kein Punkt!
Publikum (Unwillensbekundungen)
Kandidatin 2: Nachhaltige Entwicklung!
Publikum (Applaus, leicht erheitert)
Moderator: Clever, clever, aber etwas Oldschool! Ein Punkt!
Kandidatin 1: Global justice, socio-ecological transformation oder transition, was Ihnen lieber ist!
Moderator: Das ist mir egal, richtig ist beides, es gibt aber leider für diese Antwort auch nur zwei Punkte!
Zwischenruf aus dem Publikum: Was ist mit Kettensäge?
Zweiter Zwischenruf aus dem Publikum: Das heißt chainsaw!
Publikum (Erheiterung)
Moderator: Da haben wir heute ein engagiertes Publikum! Kommen wir zur vierten Frage: Welche Theorie zu Mensch-Umwelt-Beziehungen legen Sie einem Forschungsantrag zugrunde?
Kandidatin 1: Akteurs-Netzwerk-Theorie!
Moderator: Perfekte Antwort! Zwei Punkte!
Kandidatin 2: Systemtheorie. Niklas Luhmanns ‚Ökologische Kommunikation'!
Moderator (leicht angewidert): Ist das nicht zu repräsentational?
Ruf aus dem Publikum: Das ist doch ein geeignetes Werkzeug!
Moderator: Ja, ja, falsch ist es nicht. Ein Punkt!
Publikum (Gegrummel)
Kandidat 3: Um ehrlich zu sein: Die Frage ist ja schon repräsentational. Sie impliziert eine Trennung von Mensch und Umwelt. Wenn Systemtheorie Ihnen zu repräsentational ist, müssen Sie die Frage anders stellen!
Publikum (zustimmende Rufe)
Moderator: Kandidat 3, was ist jetzt Ihre Antwort?
Kandidat 3: Könnten Sie Ihre Frage präzisieren?
Moderator: Nein, Sie können ja auch nicht wegen jedem Kleinkram beim Fördermittelgeber Nachfragen stellen!
Publikum (laute Unmutsbekundungen)
Moderator: Null Punkte!

Abbildung 50 Auf dem Weg zu einem aussichtsreichen Antrag – das Quiz Teil 2 (Idee, Text und graphische Bearbeitung: Olaf Kühne, auf Grundlage KI-generierter graphischer Vorlagen (DALL-E)).

Zwischenruf aus dem Publikum: …dass der Werkzeugkasten richtig gefüllt ist!
Zweiter Zwischenruf: Kettensäge! (Gelächter)
Dritter Zwischenruf: Rasiermesser! (Ungläubigkeitsbekundungen)
Moderator: Nun reicht es aber! Nicht vorsagen!
Kandidat 3: Ockhams Rasiermesser!
Moderator: Das ist…
Stimme aus dem Off: Halt, halt, wir haben festgestellt, wir haben einen Fehler gemacht, wir müssen hier abbrechen. Das Publikum wurde für die Show „Das ist ja der Hammer – das Heimwerkerquiz gecastet". Dein Publikum drüben diskutiert drüben, ob der Ausdruck „Mutter" nicht nur sexistisch, sondern auch altersdiskriminierend ist und durch „Geburtselternteil" ersetzt werden müsste. Ein Kandidat meinte, da wären doch einige Schrauben locker, woraufhin eine Kundgebung geplant wurde... Wir müssen das Publikum tauschen!

Abbildung 51   Auf dem Weg zu einem aussichtsreichen Antrag – das Quiz Teil 3 (Idee, Text und graphische Bearbeitung: Olaf Kühne, auf Grundlage KI-generierter graphischer Vorlagen (DALL-E)).

Die Erwartungen an Angemessenheit einer theoretischen Grundlage von wissenschaftlichen Untersuchungen variieren bisweilen deutlich (siehe auch Abschnitt 4.5). Bisweilen wird auch die mehr oder minder offen formulierte Erwartung an andere Wissenschaft Treibenden herangetragen, bestimmte Perspektiven fürderhin zu ignorieren (Abbildung 52). Aus neopragmatistischer Perspektive wäre nicht der diskursive Ausschluss des Anderen als überholt vorzuziehen, sondern die Prüfung, inwiefern Elemente anderer Vokabulare nicht nutzbringend redeskribiert werden können (hier anschließend an die meta-theoretische Kritik und die Kritik der unintendierten Nebenfolgen). Dieser Weise droht nicht ein Abbruch des Gesprächs im Sinne eines kaum Nutzen versprechenden Scheiterns von Kommunikation. Hier zeigt sich auch, dass aus kleinem alltäglichem Scheitern (wie der Formulierung von Argwohn gegenüber alternativen Vokabularen) ein fundamentales Scheitern erwachsen kann.

Zu Beginn des Vortrags auf einer Tagung...

Nach dem Vortrag...

Abbildung 52 Unterschiedliche Erwartungen (Idee, Text und graphische Bearbeitung: Olaf Kühne, auf Grundlage KI-generierter graphischer Vorlagen (DALL-E)).

Auch Universitäten sind Orte der sozialen Distinktion. Als Mittel der Distinktion lassen sich, insbesondere in Zeiten der Verallgemeinerung ökonomischer Logiken, auch auf Universitäten, quantitative Indikatoren einsetzen, wie sie bereits diskutiert wurden: h-Index, Zahl der Publikationen und der Zitationen, Umfang der eingeworbenen Drittmittel oder Zahl der Betreuten Abschlussarbeiten wie auch Ergebnisse studentischer Lehrevaluationen. Distinktionsmittel gestalten sich in unterschiedlichen Diskursen indes auch verschieden und können auch (partiell) aufgehoben werden (Abbildung 53). Die Reputationszuweisung gemäß individueller inhaltlicher wissenschaftlicher Leistung (siehe auch Plessner, 1956) wurde durch das System quantitativer Leistungsbewertung und -vergleiche überlagert, das wiederum durch ein identitätspolitisches System von Ausgleichserwartungen unter Druck gerät. Aus dieser Entwicklung lässt sich auch die Entfremdung von dem Inhalt von Wissenschaft (verbunden mit der kritischen Befassung mit Argumenten) über eine weitgehend inhaltsindifferente Ausrichtung auf Kennziffern zu einer Bewertung von Inhalten auf Grundlage der ‚Identität‘ von Diskursteilnehmern feststellen (dazu u. a. Hübl, 2024; Stegemann, 2023). Zugleich vollzieht sich auch eine Verschiebung von Statussymbolen, jene, die eine klassisch-humanistische Bildung referenzieren, verlieren an Bedeutung und auch steigende Immobilienpreise in Universitätsstädten (Kühne & Weber, 2022; Westermeier & Grabka, 2017) verringern die Möglichkeit (auch für Professor~innen), in großflächiges Wohnen zu investieren. Wobei der Erwartung an räumliche Mobilität einerseits, die Suche nach immer besseren Forschungsbedingungen andererseits ohnehin den Drang zu Wohneigentum einschränken. Die Modus-2-Logik einer intensiveren Verflechtung von Wissenschaft und Gesellschaft wiederum entwickeln weltanschauliche Haltungen ein deutliches Distinktionspotenzial. Solche Entwicklungen unterliegen wiederum unterschiedlicher (weltanschaulicher) Kritik. Was für die einen ein Werkzeug zur Herstellung von ‚Gerechtigkeit‘ darstellt, Personen mit Benachteiligungen gezielt zu fördern, wird von anderen als Abkehr von ‚klassischen Zielen‘ wissenschaftlicher Wissensgenerierung kritisiert, etwa, dass weniger inhaltliche Kriterien über die Gültigkeit von Argumenten entscheiden als die Zugehörigkeit der sie äußernden Person zu bestimmten sozialen Kategorien oder Gruppen. Aus Perspektive der Kritik in Bezug auf unintendierte Nebenfolgen lässt sich hier auch die Frage stellen, inwiefern auch eine im universitäreren Kontext praktizierte Identitätspolitik nicht zu einer Verschärfung gesellschaftlicher Konflikte beiträgt (unter vielen: Furedi, 2018; Kühne et al., 2022; Laurin, 2018; Scheller, 2021; Stegemann, 2023). In diesem Kontext wird aus neopragmatistischer Perspektive die Bedeutung der Fortführung des Gesprächs betont, dessen Abbruch bedeutet letztlich ein fundamentales Scheitern in einer zentralen Frage der Erweiterung des Wirs. (Aus persönlicher Erfahrung kann ich berichten, dass einerseits meine weitgehende Farbenblindheit, ein Grund, warum ich meine Karikaturen lieber in

Abbildung 53 Die Karten der universitären Distinktion werden immer wieder neu verteilt (Idee, Text und graphische Bearbeitung: Olaf Kühne, auf Grundlage KI-generierter graphischer Vorlagen (DALL-E)).

Graustufen anlege, immer wieder zu Gewinnen an Prestige in akademischen Kreisen beiträgt, andererseits allenthalben von Kolleginnen und Kollegen Schrift mit der Farbe Rot hervorgehoben wird – wenngleich Gespräche über das Thema Farbsehschwäche nicht allzu weit zurückliegen.)

In den nächsten beiden Karikaturen kehren wir wieder zu dem Klassiker ‚Publikation‘ zurück. Der Drang (bisweilen auch Druck) zu publizieren wurde bereits thematisiert. Wenden wir uns der anderen Seite zu, den Publikationsorganen (und Verlagen): Die Zahl wissenschaftlicher Publikationen wächst beständig, 2016 wurden 1,92 Millionen, im Jahre 2022 2,82 Millionen Publikationen gezählt; davon entfallen rund 70 % auf die Verlage MDPI, Elsevier, Frontiers, Springer-Nature und Wiley (Wilcox, 2023). Verlage sind (wirtschaftlich) darauf angewiesen, das weiterhin publiziert wird. Da liegt die Strategie nicht fern, Wissenschaft Treibende mittels Werbung zur Publikation in den eigenen Publikationsorganen zu animieren. Dass dies mit erheblichen Streuverlusten verbunden ist, illustriert die folgende Karikatur (Abbildung 54). Vor dem Hintergrund, dass der Output an Publikationen von Wissenschaft Treibenden nicht zunimmt, wenn ständig E-Mails mit (zum Teil forciert vorgetragenen) Publikationsaufforderungen zu erfassen und löschen sind, sollte Seitens der solchen Spam produzierenden Verlage über eine Optimierung ihrer Data-Harvesting-Tools bzw. Datenbanken nachgedacht werden.

Abbildung 54 Vom Scheitern der Data-Harvesting-Tools (Idee, Text und graphische Bearbeitung: Olaf Kühne, auf Grundlage KI-generierter graphischer Vorlagen (DALL-E)).

Ist das Manuskript eingereicht, besteht eine gewisse Wahrscheinlichkeit von dessen Scheitern an Gutachtenden und Herausgebenden (Abbildung 55). Bemerkenswert ist dies dann, wenn ein Manuskript mit Verweis auf die eigene Forschung abgelehnt wird (gerade im Doppelblindverfahren kann dies vorkommen). Wenn nun Herausgebende, die kurz zuvor einen Beitrag mit der Begründung mangelnder fachlicher Qualität abgelehnt haben, ein Gutachten anfragen, werden Erinnerungen an Abbildung 42 aktualisiert (Stichwort: Goldfisch). Stärker verallgemeinert werden hier die Herausforderungen deutlich, die mit Peer-Review-Verfahren verbunden sind, etwa in der temporären Statuserhöhung von (in vielen Fällen) originär Gleichrangiger.

Abbildung 55 Doppelseitiges kleines Scheitern im Publikationsprozess (Idee, Text und graphische Bearbeitung: Olaf Kühne, auf Grundlage KI-generierter graphischer Vorlagen (DALL-E)).

Angesichts der Ausführungen dieses Buches etwas ernüchternde Bilanz (die ich interessanterweise in der jüngeren Vergangenheit in ähnlicher Weise von zahlreichen Kolleginnen und Kollegen gehört habt) findet sich in der vorletzten Karikatur des Buches (Abbildung 56).

Eine halbe Stunde später...

Abbildung 56 Interviews können auch überraschende Wendungen nehmen (Idee, Text und graphische Bearbeitung: Olaf Kühne, auf Grundlage KI-generierter graphischer Vorlagen (DALL-E)).

Die abschließende Karikatur dieses Buches kommt auf seinen Titel zurück (Abbildung 57). Dies kann in unterschiedlicher Weise verstanden werden, zunächst hinsichtlich der Gestaltung der Karikatur, weniger überzeichnet und stärker atmosphärisch. Auch ist das Verständnis einer einen Tag dauernden Prokrastination möglich oder eines in Bezug auf die Evolution der konsumierten Getränke. Da erscheint die Interpretation eines Arbeitstages, der keine inhaltliche Arbeit an einem Manuskript zuließ, nahezu ketzerisch…

Alltägliches Scheitern in und um Wissenschaft stellt keine Ausnahme von einem Normalprozess des Gelingens dar. Vielmehr gehört es zu den Merkmalen universitärer Praxis. Das alltägliche Scheitern begleitet zwischen den großen Anspruchshorizonten (ob sozial erwartet oder individuell aktualisiert), dem Abarbeiten wiederkehrender Aufgaben, dem pragmatischen Lösen vieler kleiner Probleme und dem Überleben bürokratischer Herausforderungen. Weder metrische Kennzahlen noch überspannte Wissenschaftsromantik werden der universitären Praxis gerecht. Denn Wissenschaft ist nicht auf Erkenntnisprozesse zu beschränken, sie wird in einer komplexen sozialen Praxis vollzogen, verbunden mit Brüchen, mannigfaltigen Widersprüchen und dem Bedarf performativer Aushandlungen. Das in diesem Abschnitt thematisierte ‚kleine Scheitern‘ sollte weniger als Vorstufe einer Kapitulation verstanden werden: Es kann zur Reflexion herausfordern, zum einen in Bezug auf wissenschaftliche Gegenstände, zum anderen in Bezug auf das wissenschaftliche Feld als einem sozialen Ort. Das ‚kleine Scheitern‘ lässt sich als Anlass verstehen, nicht allein Ergebnisse als bedeutsam zu betrachten, sondern die Bedingungen ihres Zustandekommens in den Blick zu nehmen. Auch wenn es manchmal schwerfällt. Ohne dieses Schwerfallen wiederum wäre das vorliegende Buch nicht entstanden.

Abbildung 57   Scheitern kann auch schön sein (Idee, Text und graphische Bearbeitung: Olaf Kühne, auf Grundlage KI-generierter graphischer Vorlagen (DALL-E)).

Literaturverzeichnis

Bahr, A., Eichhorn, K. & Kubon, S. (2022). *#IchBinHanna: Prekäre Wissenschaft in Deutschland*. Suhrkamp.

Bahr, A., Eichhorn, K. & Kubon, S. (2024). Wie wir dort gelandet sind, wo wir jetzt wegmüssen: Geschichte und Zukunft des deutschen Wissenschaftssystems [How We Ended Up At a Place We Have to Leave behind: History and Future of the German Academic System]. *NTM, 32*(3), 313–320. https://doi.org/10.1007/s00048-024-00398-x

Bauberger, S. (2016). *Wissenschaftstheorie: Eine Einführung*. Kohlhammer.

Bender, G. (2004). Modus 2 – Wissenserzeugung in globalen Netzwerken? In U. Matthiesen (Hrsg.), *Stadtregion und Wissen: Analysen und Plädoyers für eine wissensbasierte Stadtpolitik* (S. 87–96). VS Verlag für Sozialwissenschaften.

Berger, P. L. & Luckmann, T. (1966). *The Social Construction of Reality: A Treatise in the Sociology of Knowledge*. Anchor Books.

Berr, K. & Kühne, O. (2024). Moral und Ethik von Landschaft. In O. Kühne, F. Weber, K. Berr & C. Jenal (Hrsg.), *Handbuch Landschaft* (2. Aufl., 647–662). Springer VS.

Bogner, A. (2005). Moralische Expertise? Zur Produktionsweise von Kommissionsethik. In A. Bogner & H. Torgersen (Hrsg.), *Wozu Experten? Ambivalenzen der Beziehung von Wissenschaft und Politik* (S. 172–193). VS Verlag für Sozialwissenschaften.

Boltanski, L. & Chiapello, È. (2006). *Der neue Geist des Kapitalismus. Édition discours: Bd. 38*. UVK-Verlagsgesellschaft.

Bolz, N., Schmid, B. & Scherrer, L. (2023). *Medienwissenschafter Norbert Bolz: „Ich bin sicher, dass viele Linke mit diesem Mist nichts zu tun haben wollen"*. https://www.nzz.ch/feuilleton/medienwissenschafter-norbert-bolz-cancel-culture-alter-weisser-mann-ld.1725899

Bourdieu, P. (2016). *La distinction: Critique sociale du jugement. Le Sens commun*. Editions de Minuit.

Brandom, R. B. (2000). Vocabularies of Pragmatism: Synthesizing Naturalism and Historicism. In R. B. Brandom (Hrsg.), *Philosophers and their critics: Bd. 9. Rorty and his critics* (1. publ, S. 156–183). Blackwell.

Carrier, M. (2017). *Wissenschaftstheorie zur Einführung* (4., überarbeitete Auflage). Junius.

Chalmers, A. F. (2006 [1996]). *Wege der Wissenschaft: Einführung in die Wissenschaftstheorie* (N. Bergemann & C. Altstötter-Gleich, Hg.). Springer. https://doi.org/10.1007/978-3-662-10880-2

Dahrendorf, R. (1959). *Homo Sociologicus: Ein Versuch zur Geschichte, Bedeutung und Kritik der Kategorie der sozialen Rolle*. Westdeutscher Verlag.

Dahrendorf, R. (1992). *Der moderne soziale Konflikt: Essay zur Politik der Freiheit*. Deutsche Verlags-Anstalt DVA.

Deleuze, G. & Guattari, F. (1987). *A thousand plateaus: Capitalism and schizophrenia* (B. Massumi, Übers.). University of Minnesota Press. https://files.libcom.org/files/A%20Thousand%20Plateaus.pdf

Diefenbach, H. (2019). Konstruierte Gruppenidentitäten als Grundlage identitätspolitischen Gedankenguts: Eine Replik aus statistisch-empirischer Sicht. In S. Kostner (Hrsg.), *Identitätslinke Läuterungsagenda: Eine Debatte zu ihren Folgen für Migrationsgesellschaften* (S. 125–142). Ibidem-Verlag.

Eberl, J.-M. & Lebernegg, N. S. (2021). *Corona-Demonstrant*innen: Rechts, wissenschaftsfeindlich und esoterisch.* Universität Wien. https://viecer.univie.ac.at/file admin/user_upload/z_viecer/Blog_138.pdf

Eichhorn, K. (2021). Internalisierte Narrative in der Wissenschaft: Überlegungen zum ‚unvernünftigen Verhalten‘ wissenschaftlich Beschäftigter. In A. Bahr, K. Eichhorn & S. Kubon (Hrsg.), *Kritische Reflexionen: Bd. 4. #95vsWissZeitVG: Prekäre Arbeit in der deutschen Wissenschaft* (S. 33–50). Büchner-Verlag.

Elias, F., Franz, A., Murmann, H. & Weiser, U. W. (Hrsg.). (2014). *Materiale Textkulturen: Bd. 3. Praxeologie: Beiträge zur interdisziplinären Reichweite praxistheoretischer Ansätze in den Geistes- und Sozialwissenschaften.* de Gruyter.

Eversberg, D. (2022). Kämpfe um die Lebensweise: Praktische Dimensionen des sozial-ökologischen Transformationskonflikts. In J. Zilles, E. Drewing & J. Janik (Hrsg.), *Soziale Bewegung und Protest: Band 7. Umkämpfte Zukunft: Zum Verhältnis von Nachhaltigkeit, Demokratie und Konflikt* (S. 141–166). transcript.

Feige, D. M. (2020). Werden wir von Virologen regiert? Über Wissenschaftsfeindlichkeit und Wissenschaftsgläubigkeit in Zeiten von Covid-19. *Philosophische Rundschau, 67*(2), 120–125. https://doi.org/10.1628/phr-2020-0016

Fichte, J. G. (1997 [1794]). *Grundlage der gesamten Wissenschaftslehre. Philosophische Bibliothek.* Felix Meiner Verlag.

Foucault, M. (2012 [1985]). *Discipline and Punish: The Birth of the Prison.* Knopf Doubleday Publishing Group.

Frankenberger, R., Hinz, L., Kühne, O., Pfau, B. & Schmid, E. (2024). *Raumkonstruktionen extrem rechter Parteien in Deutschland: Eine explorative Studie.* Springer VS.

Furedi, F. (2018). Die verborgene Geschichte der Identitätspolitik. In J. Richardt (Hrsg.), *Die sortierte Gesellschaft: Zur Kritik der Identitätspolitik* (S. 13–25). Novo Argumente Verlag GmbH.

Gethmann, C. F. (2009). *Untersteht alle Forschung dem Prinzip des Fallibilismus, nur die Klimaforschung nicht?* Akademie-Brief. https://www.ea-aw.de/fileadmin/downloads/Newsletter/NL_0087_022009.pdf

GG. (2017 [1949]). *Grundgesetz für die Bundesrepublik Deutschland vom 23. Mai 1949 (BGBl. S. 1), zuletzt geändert durch Artikel 1 des Gesetzes vom 13. Juli 2017 (BGBl. I S. 2347).* https://www.bundestag.de/gg

Gibbons, M., Limoges, C., Nowotny, H., Schwartzmann, S., Scott, P. & Trow, M. (1994). *The New Production of Knowledge: The Dynamics of Science and Research in Contemporary Societies.* SAGE.

Haderer, M. (2017). Recht auf Stadt! Lefebvre, urbaner Aktivismus und kritische Stadtforschung. In S. Kumnig, M. Rosol & A. Exner (Hrsg.), *Umkämpftes Grün* (S. 63–78). transcript Verlag. https://doi.org/10.14361/9783839435892-003

Hamann, J. (2024). Meritokratie als Problem: Leistungsbezogene Bewertungen in Berufungsverfahren. *KZfSS – Kölner Zeitschrift für Soziologie und Sozialpsychologie, 76*(2), 119–143. https://doi.org/10.1007/s11577-024-00954-2

Hasse, J. (2007). *Übersehene Räume: Zur Kulturgeschichte und Heterotopologie des Parkhauses*. transcript.

Hasse, J. (2012). *Atmosphären der Stadt: Aufgespürte Räume*. Jovis-Verlag.

Hirsch, J. E. (2005). An index to quantify an individual's scientific research output. *Proceedings of the National Academy of Sciences of the United States of America, 102*(46), 16569–16572. https://doi.org/10.1073/pnas.0507655102

Hirschauer, S. (2004). Peer Review Verfahren auf dem Prüfstand/Peer Review Research – Reviewed. *Zeitschrift für Soziologie, 33*(1), 62–83. https://doi.org/10.1515/zfsoz-2004-0104

Horkheimer, M. & Adorno, T. W. (1969). *Dialektik der Aufklärung: Philosophische Fragmente*. Fischer.

Hübl, P. (2024). *Moralspektakel: Wie die richtige Haltung zum Statussymbol wurde und warum das die Welt nicht besser macht*. Siedler.

Isopp, B. (2014). The Perils, Politics, and Promises of Activist Science. In J. Bencze & S. Alsop (Hrsg.), *Cultural Studies of Science Education: Bd. 9. Activist Science and Technology Education* (Bd. 9, S. 307–321). Springer Netherlands. https://doi.org/10.1007/978-94-007-4360-1_17

Joas, H. (2016 [1992]). *Pragmatismus und Gesellschaftstheorie* (3. Aufl.). *Suhrkamp-Taschenbuch Wissenschaft: Bd. 1018*. Suhrkamp.

Kaiser, M. & Maasen, S. (2010). Wissenschaftssoziologie. In G. Kneer & M. Schroer (Hrsg.), *Handbuch Spezielle Soziologien* (S. 685–705). Springer VS.

Kazig, R. (2007). Atmosphären – Konzept für einen nicht repräsentationellen Zugang zum Raum. In C. Berndt & R. Pütz (Hrsg.), *Kulturelle Geographien: Zur Beschäftigung mit Raum und Ort nach dem Cultural Turn* (S. 167–187). transcript.

Klepp, S. & Hein, J. (2024). Umweltgerechtigkeit und sozialökologische Transformation. In S. Klepp & J. Hein (Hrsg.), *Kritische Nachhaltigkeits- und Transformationsforschung: Bd. 1. Umweltgerechtigkeit und sozialökologische Transformation: Konflikte um Nachhaltigkeit im deutschsprachigen Raum* (S. 7–44). transcript Verlag. https://doi.org/10.14361/9783839463253-001

Knorr, K. (1980). Die Fabrikation von Wissen: Versuch zu einem gesellschaftlich relativierten Wissensbegriff. *Kölner Zeitschrift für Soziologie und Sozialpsychologie* (22), 226–245.

Knorr-Cetina, K. (2002). *Die Fabrikation von Erkenntnis: Zur Anthropologie von Wissenschaft*. Suhrkamp.

Kostner, S. (2019). Identitätslinke Läuterungsagenda: Welche Folgen hat sie für Migrationsgesellschaften? In S. Kostner (Hrsg.), *Identitätslinke Läuterungsagenda: Eine Debatte zu ihren Folgen für Migrationsgesellschaften* (17–74). Ibidem-Verlag.

Kühne, O. (2019). *Landscape Theories: A Brief Introduction*. Springer VS.

Kühne, O. (2023). Die konfliktäre Konstruktion von Räumen und Landschaften in der Internetkommunikation. In A. Schaffer & E. Lang (Hrsg.), *Die Kunst vom Finden und Bauen der Wirklichkeit* (S. 183–210). Metropolis-Verlag.

Kühne, O. & Berr, K. (2021). *Wissenschaft, Raum, Gesellschaft: Eine Einführung zur sozialen Erzeugung von Wissen*. Springer VS.

Kühne, O., Berr, K. & Jenal, C. (2022). *Die geschlossene Gesellschaft und ihre Ligaturen: Eine Kritik am Beispiel ‚Landschaft‘*. Springer VS.

Kühne, O., Berr, K. & Jenal, C. (2023). *The Closed Society and Its Ligatures – A Critique Using the Example of ‚Landscape‘*. Springer Fachmedien; Springer. https://doi.org/10.1007/978-3-658-40113-9

Kühne, O., Berr, K., Schuster, K. & Jenal, C. (2021). *Freiheit und Landschaft: Auf der Suche nach Lebenschancen mit Ralf Dahrendorf*. Springer.

Kühne, O. & Weber, F. (2022). *Germany: Geographies of Complexity. World Regional Geography Book Series*. Springer International Publishing.

Lamy, C. (2015). *Die Bewältigung beruflicher Anforderungen durch Lehrpersonen im Berufseinstieg*. Springer Fachmedien Wiesbaden. https://doi.org/10.1007/978-3-658-09842-1

Latour, B. & Roßler, G. (2007 [2005]). *Eine neue Soziologie für eine neue Gesellschaft: Einführung in die Akteur-Netzwerk-Theorie*. Suhrkamp.

Laurin, S. (2018). Willkommen im Zeitalter der Postidentitätspolitik. In J. Richardt (Hrsg.), *Die sortierte Gesellschaft: Zur Kritik der Identitätspolitik* (S. 113–122). Novo Argumente Verlag GmbH.

Leibniz, G. W. (2019 [1714]). *Monadologie: Französisch/Deutsch* (H. Hecht, Hg.) (durchgesehene und bibliographisch ergänzte Ausgabe). Reclam.

Levidow, L. (2005). Expert-Based Policy or Policy-Based Expertise? Regulating GM Grops in Europe. In A. Bogner & H. Torgersen (Hrsg.), *Wozu Experten? Ambivalenzen der Beziehung von Wissenschaft und Politik* (S. 86–108). VS Verlag für Sozialwissenschaften.

Lohmann, P. (2023). „Gefühl, Glaube und Wissen Zur Identität des Gelehrten in der Philosophie J. G. Fichtes". *Fichte-Studien, 52*, 3–21.

Lorenzen, P. (Hrsg.). (1974). *Konstruktive Wissenschaftstheorie*. Suhrkamp.

Luhmann, N. (1984). *Soziale Systeme: Grundriß einer allgemeinen Theorie*. Suhrkamp.

Luhmann, N. (1990). *Die Wissenschaft der Gesellschaft*. Suhrkamp.

Luhmann, N. (2002). *Die Politik der Gesellschaft*. Suhrkamp.

Marx, K. (2014 [1872]). *Das Kapital: Kritik der politischen Ökonomie* (Ungekürzte Ausgabe nach der 2. Auflage von 1872). Nikol.

Marx, K. & Engels, F. (2022 [1848]). *Das kommunistische Manifest*. Pretorian Media GmbH.

Mittelstraß, J. (2004). „Szientismus". In J. Mittelstraß (Hrsg.), *Enzyklopädie Philosophie und Wissenschaftstheorie* (unveränderte Sonderausgabe, S. 872–876). J.B. Metzler.

Möller, C. (2015). *Herkunft zählt (fast) immer: Soziale Ungleichheiten unter Universitätsprofessorinnen und -professoren*. Beltz.

Nowotny, H. (2005). Experten, Expertisen und imaginierte Laien. In A. Bogner & H. Torgersen (Hrsg.), *Wozu Experten? Ambivalenzen der Beziehung von Wissenschaft und Politik* (S. 33–44). VS Verlag für Sozialwissenschaften.

Nowotny, H., Scott, P. & Gibbons, M. (2001). *Re-Thinking Science: Knowledge and the Public in an Age of Uncertainty*. Polity Press.

Parsons, T. (1951). *The Social System*. Free Press.

Pennington, D. D., Simpson, G. L., McConnell, M. S., Fair, J. M. & Baker, R. J. (2013). Transdisciplinary Research, Transformative Learning, and Transformative Science. *BioScience, 63*(7), 564–573. https://doi.org/10.1525/bio.2013.63.7.9

Platthaus, A. (2016). *Das geht ins Auge: Geschichten der Karikatur*. AB – Die Andere Bibliothek GmbH & Co. KG.

Plessner, H. (1956). Zur Soziologie der modernen Forschung und ihrer Organisation in der deutschen Universität: Tradition und Ideologie. In I. Asemissen, R. Frenzel, D. Goldschmidt, C. G. von Krockow & H. Plessner (Hrsg.), *Untersuchungen zur Lage der deutschen Hochschullehrer: Bd. 1. Nachwuchsfragen: Im Spiegel einer Erhebung 1953–1955* (1. Aufl., Bd. 1, S. 19–36). Vandenhoeck & Ruprecht.

Popper, K. R. (1935). *Die Logik der Forschung*. Mohr Siebeck.

Popper, K. R. (1959). *The Logic of Scientific Discovery*. Harper & Row.

Poser, H. (2012). *Wissenschaftstheorie: Eine philosophische Einführung* (2., überarbeitete und erweiterte Auflage). Philipp Reclam jun.

Putnam, H. (1997). *Für eine Erneuerung der Philosophie. Universal-Bibliothek: Bd. 9660*. Reclam.

Reitz, T. & Janotta, L. (2025). Projektmittel rückverlagern? Zur drittmittelfinanzierten Forschung an deutschen Hochschulen. *Forschung und Lehre, 32*(3), 32–33.

Riegraf, B. (2018). Zwischen Exzellenz und Prekarität: Über den Wettbewerb und die bedingte Öffnung der Universitäten für Wissenschaftlerinnen. In M. Laufenberg, M. Erlemann, M. Norkus & G. Petschick (Hrsg.), *Prekäre Gleichstellung* (S. 241–256). Springer Fachmedien Wiesbaden. https://doi.org/10.1007/978-3-658-11631-6_10

Rindermann, H. (2003). Lehrevaluation an Hochschulen: Schlussfolgerungen aus Forschung und Anwendung für Hochschulunterricht und seine Evaluation. *ZfEv – Zeitschrift für Evaluation, 2*(2), 233–256.

Rindermann, H. (2016). Lehrveranstaltungsevaluation an Hochschulen. In D. Großmann & T. Wolbring (Hrsg.), *Evaluation von Studium und Lehre* (S. 227–262). Springer Fachmedien Wiesbaden. https://doi.org/10.1007/978-3-658-10886-1_7

Rödel, B. (2020). *Peer Review: Entstehung – Verfahren – Kritik*. Bundesinstitut für Berufsbildung.

Rödel, B. (2024). *Peer Review in der Berufsbildungsforschung: Ergebnisse einer Umfrage*. Barbara Budrich.

Rogge, F. (2020). Berufseinstieg und Lebensbereich Arbeit junger Erwachsener. In F. Rogge (Hrsg.), *Gesundheit und Wohlbefinden im Übergang ins Erwachsenenalter* (S. 87–103). Springer Fachmedien Wiesbaden. https://doi.org/10.1007/978-3-658-30710-3_5

Rorty, R. (1997 [1989]). *Contingency, Irony, and Solidarity*. Cambridge University Press. https://doi.org/10.1017/CBO9780511804397

Rorty, R. (2023). *Pragmatismus als Antiautoritarismus* (J. Schulte, Übers.) (E. Mendieta, Hg.). Suhrkamp.

Rosenkranz, K. (1996 [1853]). *Ästhetik des Häßlichen* (2., überarbeitete Auflage). Reclam.

Scheller, J. (2021). *Identität im Zwielicht: Perspektiven für eine offene Gesellschaft*. Claudius.

Schelling, F. W. J. von. (2018 [1801]). *Darstellung meines Systems der Philosophie*. Ronald Bär.

Schipper, S., Latocha, T. & Janik, F. (2025). Geographien der Veränderung. *Berichte. Geographie und Landeskunde, 98*(1), 113–119. https://doi.org/10.25162/bgl-2025-0009

Schmidt, J. (2025). *Der Zettelkasten Niklas Luhmanns*. Niklas Luhmann-Archiv. https://niklas-luhmann-archiv.de/nachlass/zettelkasten

Schneidewind, U. & Singer-Brodowski, M. (2014a). Enabling the Great Transformation: Transdisciplinarity as Individual and Institutional Challenge. In F. Schmidt & N. Nuttall (Hrsg.), *Contributions Towards a Sustainable World: In Dialogue with Klaus Töpfer* (S. 189–200). oekom.

Schneidewind, U. & Singer-Brodowski, M. (2014b). *Transformative Wissenschaft: Klimawandel im deutschen Wissenschafts- und Hochschulsystem* (2., verbesserte und aktualisierte Auflage). Metropolis-Verlag.

Schweiger, G., Bornmann, L. & Krach, S. (2025). Mehr Experimente und weniger Plattitüden: Wie kann eine effiziente und effektive Förderung von Wissenschaft gelingen? *Forschung und Lehre, 32*(3), 28–30.

Seiffert, H. (1996a). *Einführung in die Wissenschaftstheorie 1: Sprachanalyse – Deduktion – Induktion in Natur- und Sozialwissenschaften*. C. H. Beck.

Seiffert, H. (1996b). *Einführung in die Wissenschaftstheorie 2: Geisteswissenschaftliche Methoden: Phänomenologie, Hermeneutik und historische Methode, Dialektik* (Orig.-Ausg., 10., durchges. Aufl.). *Beck'sche Reihe: Bd. 61*. Beck.

Shklar, J. N. (1990). *The faces of injustice. Storrs lectures on jurisprudence/Yale Law School: Bd. 1988*. Yale University Press.

Shklar, J. N. (2020). Der Liberalismus der Furcht. In H. Bajohr (Hrsg.), *Judith N. Shklar: Der Liberalismus der Furcht* (3. Aufl., S. 26–66). Matthes & Seitz.

Simmel, G. (1990) [1913]). Philosophie der Landschaft. In G. Gröning & U. Herlyn (Hrsg.), *Landschaftswahrnehmung und Landschaftserfahrung: Texte zur Konstitution und Rezeption von Natur als Landschaft* (S. 67–79). Minerva.

Simmel, G. (2019). Florenz. In A. Mahler (Hrsg.), *Philosophie der Landschaft: Ästhetik der Alpen, Rom, Florenz, Venedig* (3. Aufl., S. 68–74). Mahler Verlag. (Erstveröffentlichung 1907)

Stegemann, B. (2023). *Identitätspolitik*. Matthes & Seitz Berlin.

Stifterverband für die Deutsche Wissenschaft e. V. (2024). *Wissenschaftsfreiheit: Hochschul-Barometer*. https://www.hochschul-barometer.de/2024/wissenschaftsfreiheit

Tagesschau. (2025). *Fernzüge der Bahn 2024 so unpünktlich wie seit mindestens 21 Jahren nicht*. https://www.tagesschau.de/inland/fernzuege-verspaetung-102.html

Tantner, A. (2020, 19. Dezember). *Gegen Prekarität – für gute Arbeitsverhältnisse in der Wissenschaft*. Redebeitrag zu ADVENT, ADVENT, DIE #BILDUNGBRENNT 19.12.2020,. https://igelf.wordpress.com/wp-content/uploads/2020/12/tantner_ug_rede_20201219.pdf

Tetens, H. (2013). *Wissenschaftstheorie: Eine Einführung.* C. H. Beck. https://doi.org/10.17104/9783406653322

Thiel, A. & Kühne, O. (2024). *Theorien sozialer Konflikte – vom Überblick zur Weiterentwicklung.* Springer VS.

Weber, M. (1976 [1922]). *Wirtschaft und Gesellschaft. Grundriß der verstehenden Soziologie.* Mohr Siebeck.

Weber, M. (2011 [1919]). *Wissenschaft als Beruf* (11. Aufl.). Duncker & Humblot.

Weber, M. (2014 [1919]). *Politik als Beruf.* Anaconda.

Weingart, P. (2001). *Die Stunde der Wahrheit? Zum Verhältnis der Wissenschaft zu Politik, Wirtschaft und Medien in der Wissensgesellschaft.* Velbrück.

Weingart, P. (2003). *Wissenschaftssoziologie. Einsichten.* transcript.

Weingart, P. (2015). *Wissenschaftssoziologie.* transcript. https://doi.org/10.1515/9783933127372

Weingart, P., Engels, A. & Pansegrau, P. (2008). *Von der Hypothese zur Katastrophe: Der anthropogene Klimawandel im Diskurs zwischen Wissenschaft, Politik und Massenmedien* (2., leicht veränderte Auflage). Barbara Budrich.

Westermeier, C. & Grabka, M. M. (2017). Zunehmende Polarisierung der Immobilienpreise in Deutschland bis 2030. *DIW Wochenbericht, 84*(23), 451–459.

Wilcox, C. (2023). *ScienceAdviser: Scientists are publishing too many papers – and that's bad for science: Today in Science and science: How Eris lost its spin, an adorable robot that helps stroke survivors, and more.* https://www.science.org/content/article/scienceadviser-scientists-are-publishing-too-many-papers-and-s-bad-science

Winchester, H. P. M., Kong, L. & Dunn, K. (2003). *Landscapes: Ways of imagining the world.* Routledge.

Wolbring, T. (2013). *Fallstricke der Lehrevaluation: Möglichkeiten und Grenzen der Messbarkeit von Lehrqualität.* Campus Verlag. http://www.ciando.com/ebook/bid-844896

Wylie, J. (2007). *Landscape.* Routledge.

Fazit: Normalfall Scheitern – Hinwendungen zu den produktiven Aspekten universitärer und akademisch-biographischer Bruchstellen

5

Wissenschaft – so noch immer die verbreitete Vorstellung – sei ein System der Rationalität, der Begründungen, der Fakten und der Evidenz, geprägt von Ordnung, Klarheit und unbeirrtem Fortschritt. Wenn wir uns indes auf den Pfad des Wissenschaft-Treibens begeben, wird bald deutlich, dass die Verhältnisse sich durchaus anders darstellen: Wissenschaft präsentiert sich bisweilen als ein Raum des Fragens ohne Antworten, der Verwaltung eigenen Selbst und des Ungewissen, Wissenschaft gestaltet sich als Feld der kleinen und großen Niederlagen. Scheitern ist auf diesem Feld kein Ausreißer, sondern ein systemischer Bestandteil des Alltags – allen verbreiteten Veni-vedi-vici-Erzählungen zum Trotz. So widmete sich dieses Buch der banalen Selbstverständlichkeit des Scheiterns in der Wissenschaft, verbunden mit der Intention, zu verdeutlichen: Scheitern kann viele Ursachen haben und Scheitern sollte nicht mit persönlichem Versagen gleichgesetzt werden. Scheitern zeigt sich in universitären Kontexten zumeist nicht in großer Intensität, sondern in vielen kleinen Unstimmigkeiten, Unzulänglichkeiten, Missverständnissen, ungleichen Erwartungen etc.: Etwa in der ungeschickten Durchführung von Lehrveranstaltungen, aus dem Ruder laufenden Gremiensitzungen, nicht verfassten Publikationen, unverständlichen E-Mails, aber auch – von (potenziell) größerer Tragweise – nicht zur Publikation angenommenen Manuskripten, die Nicht-Berücksichtigung in Berufungsverfahren oder einer verweigerten Projektförderung. In akademischen Kontexten bleibt Scheitern unthematisiert oder wird schamhaft individualisiert. Der institutionalisierte Habitus ist auf die Kommunikation von Erfolg ausgerichtet. Doch dieser produziert als andere Seite der Medaille Misserfolg, gerade die als ‚hoch kompetitiv' inszenierten Wettbewerbe (ins-

181

besondere um Fördermittel) bedeuten als Nebenfolge zigfaches Scheitern. Ein Scheitern, das angesichts der geringen Reliabilität von Auswahlverfahren nur teilweise persönlich zurechenbar ist. Insofern ist Scheitern – den hier verfolgten neopragmatistischen Ansatz zugrunde legend – Ausdruck der grundsätzlichen Kontingenz sozialer und individueller Welt. Ein neopragmatistisches Verständnis von Scheitern zugrunde legend, ist damit nicht das Ende einer Geschichte verbunden, Scheitern stellt in diesem Sinne vielmehr den Ausgangspunkt von Reflexion und kreativer Befassung mit der Erschaffung des Selbst und seiner Kontextualisierung. Scheitern wir so auch zum Anlass zur Justierung von Erwartungen, zur Revision von Ansprüchen wie auch zur Aushandlung neuer, kontingenter (Be-)Deutungen. Zentral dabei ist, dass Scheitern nicht zu einem Abbruch des Gesprächs führt, das Redeskriptionen unmöglich machen würde.

Die normative Vorstellung des Pragmatismus, Wissenschaft solle zur Lösung praktischer Probleme beitragen, bedeutet nicht „eine einfache Rückkehr zur alten Einheit der praktischen Philosophie" (Joas, 2016 [1992], S. 304). Sie bedeutet aber auch nicht „die Verwissenschaftlichung praktischer Fragen" (Joas, 2016 [1992], S. 304). Vielmehr fordert der Pragmatismus „das Rationalitätsniveau der Wissenschaft auch bei der Lösung praktischer Fragen" (Joas, 2016 [1992], S. 304) zu nutzen. Eine solche Perspektive trägt auch dem Anspruch von Gesellschaft Rechnung, eine Gegenleistung für die ins Wissenschaftssystem eingebrachten Steuermittel zu erhalten. Auch hier droht ein fundamentales Scheitern im Sinne des Abbruchs des Gesprächs, insbesondere dann, wenn sich die Positionen einer naiven Wissenschaftsgläubigkeit und der Wissenschaftsfeindlichkeit weiter verfestigen. In diesem Sinne lässt sich das hier entworfene Bild von Wissenschaft als ein pragmatistisches verstehen: Nicht die emphatische Verkündung von Wahrheit ist der Anspruch, es geht vielmehr um Nützlichkeit, Anschlussfähigkeit, Problemlösung und die Aufrechterhaltung des Gesprächs. In diesem Sinne ist Wissenschaft primär eine Praxis: holprig, widersprüchlich, konstitutiv vom kleinen und großen Scheitern geprägt – und gerade deshalb menschlich und nicht reserviert und kühl.

Hier kann (so meine Hoffnung) ein (selbst-)ironischer Blick auf Wissenschaft und Lehre helfen, ein entspannteres Verhältnis aufzubauen. Dieser Blick auf die Hinterbühnen des Wissenschaftssystems, verdeutlicht Brüche, Ungereimtheiten und Widersprüche, in der das Konstrukt einer oder eines souveränen Wissenschaft Treibenden auf die alltagspraktischen Zumutungen von Evaluationen, Drittmittelakquise, Gremienlogiken und – nicht zuletzt – Alltagssatire trifft. Insofern kann ich (auch) hier der Aussage des Bochumer Kabarettisten Frank Goosen folgen, dass mir vieles nicht ein-, sondern aufgefallen ist (Zempelin, 2017). Meine Karikaturen sind dabei nicht Ausdruck von Häme, Distanz oder gar dem Willen zur Distinktion, sondern einer ironischen Empathie. Diese Haltung erwächst einerseits aus dem Bewusstsein der eigenen Verwobenheit in den Wissenschaftsbetrieb, andererseits auch aus dem Wunsch der Erweiterung des ‚Wirs'. In diesem Falle, Menschen den Zugang zur Universität zu erleichtern, aber auch innerhalb des Betriebs zu Praktiken anzuregen, die stärker auf Kontingenz, die Entwicklung von Lebenschancen und Inklusivität ausgerichtet sind. In Rortyscher Tradition wird Ironie so zu einem Modus des Weltzugangs, der auf Kontingenz ausgerichtet ist. Insofern drücken sie nicht moralische Überlegenheit aus, sie stellen vielmehr eine Einladung dar, Gewohnheiten, Routinen wie scheinbare Selbstverständlichkeiten zu befragen. In diesem Sinne lassen sie sich auch als eine Form der Redeskription verstehen.

Sollte es diesem Buch gelungen seinen, einen Beitrag dazu zu leisten, die konstitutive Bedeutung des Scheiterns in der Wissenschaft zu verdeutlichen, ohne Scheitern zu trivialisieren oder zu moralisieren, sollte es gelungen sein, die dargestellten kleinen Absurditäten des universitären Lebens so darzustellen, dass sie mit einem Schmunzeln quittiert werden, dann wäre es ein kleiner Erfolg in der Omnipräsenz des Scheiterns. Ironie wird so zu einem Modus, sich der Verrechtlichung und Bürokratisierung infolge der Regelung von Vorgängen innerhalb einer sich differenzierenden Gesellschaft (Nassehi, 2024) zu stellen.

Mit diesem Buch wurde entsprechend auch gezeigt, dass sich ein satirisch-ironischer Blick auf die Gepflogenheiten des universitären Lebens werfen lassen kann. Ein Blick, der nicht auf einer unspezifischen Bewertungsgrundlage basiert, sondern sich meta-theoretisch und theoretisch rückbinden lässt. Als Metatheorie fungiert der Neopragmatismus (in mittlerweile bewährter Weise, siehe etwa Güntherodt et al., 2025; Hinz et al., 2024; Kühne, 2024; Kühne & Koegst, 2023; Kühne et al., 2024; Ritter & Fürst, 2025) als integrativer Rahmen für andere zugrunde gelegte Theorien, insbesondere dem Sozialkonstruktivismus, Teilen des Symbolischen Interaktionismus wie auch einem phänomenologischen Zugang zum Feld. In seiner theoretischen Dimension wirkt der Neopragmatismus zum ersten als Vokabulartheorie, womit nicht allein verdeutlicht wird, wie Welt sprachlich strukturiert ist, sondern auch, wie Redeskriptionen möglich sind, die es erlauben ‚im Gespräch zu bleiben'. Zum zweiten bietet er eine normative Ausrichtung dieses ‚Im-Gespräch-Bleibens' im Sinne einer inklusivistischen Weltsicht. Zum dritten ermöglicht sie einen Blick auf die Bedeutung von Ironie im Kontext des kreativen Umgangs mit Selbst, Sprache und Gesellschaft. Zum vierten ermöglicht er eine spezifische Interpretation von Scheitern als Normalität, Scheitern als Ressource zur Selbsterschaffung zu verstehen, als Ansporn, neue kreative Lösungen von Problemen zu entwickeln und so den Kontingenzraum zu erweitern. Wobei diese Perspektive (da die Auseinandersetzung mit Scheitern im Neopragmatismus erst in Ansätzen erfolgte) noch einer weiteren konzeptionellen Arbeit bedarf.

In diesem Buch wurde auch eine Erweiterung eines Zugangs vollzogen: Kritik lässt sich nicht allein in den Modi der Kritik kategorisieren und anwenden, wie sie in Abschnitt 3.1 vorgestellt wurden, Kritik manifestiert sich auch in Form von Kritikerwartungen, prominent insbesondere aus dem Kontext heraus, aber auch aus meta-theoretischer Position und weltanschaulicher Kritik heraus. Diese Kritikerwartungen treffen insbesondere die Binnenkritik, es wird also extern an eine wie auch immer verstandene Einheit die Erwartung herangetragen, Binnenkritik zu üben, was diese Einheit nicht tut und daher der Kritik unterliegt.

Auch in Bezug auf die Gestaltung des Buches ergab sich eine Innovation unter Rückgriff auf bereits entwickelte Darstellungsformen im Kontext des Konzepts der Inversen Landschaften (etwa: Kühne et al., 2025; Kühne et al., 2023) heraus: Wurden bis dato allein Fotographien als Grundlage für die Erstellung von Vektorgraphiken für Comic-artige Abbildungen genutzt, habe ich für dieses Buch erstmals (auch) auf KI-generierte Bilder zurückgegriffen. Die KI (DALL-E) erwies sich einerseits als hilfreiches Werkzeug, insbesondere in Bezug auf Effizienz und der von mir intendierten zeichnerischen Qualität der Darstellungen (die ich so nicht erreicht hätte), andererseits gestaltete sich der Umgang mit der KI auch als kommunikative Herausforderung, was nicht zuletzt zu zahlreichen Neu-Prompts, aber auch zur Zerlegung einer Szene in zahlreiche Einzelbilder führte, die dann mittels Grafiksoftware zu rekombinieren waren.

Mit dem vorliegenden Buch wurde deutlich, dass sich mittels Karikaturen ein kontingenter Blick auf universitäres Leben werfen lässt. Dieser wiederum ist (nicht zuletzt wegen des phänomenologischen Zugangs) stark subjektiv geprägt (als die eines Professors in den Sozialwissenschaften). Insofern könnte der Kontingenzrahmen geweitet werden, wenn andere Perspektiven hinzuträten (etwa die von Studierenden oder aus dem akademischen Mittelbau, der Administration oder von Professor~innen anderer Disziplinen). Darüber hinaus steht – wie oben gezeigt – eine vertiefte konzeptionelle Auseinandersetzung mit den unterschiedlichen Dimensionen des Scheiterns aus neopragmatistischer Perspektive aus.

Literaturverzeichnis

Güntherodt, J., Papendorf, K. & Schumacher, T. (2025). The Scramble for Europe. In F. Papadimitriou & O. Kühne (Hrsg.), *Deviant Landscapes: A Journey to Exotic and Imaginary Places and Spaces* (S. 95–127). Springer VS. https://doi.org/10.10 07/978-3-031-75416-6_7

Hinz, L., Weber, A.-M., Koegst, L. & Kühne, O. (2024). A Neopragmatic Perspective on the Processual Nature of Landscape – Coastal Land Loss in Louisiana in the Context of Scientific Findings, Social Patterns of Interpretation, and Individual Experience. *Sustainability, 16*(5), Artikel 2078, 1–26. https://doi.org/10.3390/su16052078

Joas, H. (2016 [1992]). *Pragmatismus und Gesellschaftstheorie* (3. Aufl.). *Suhrkamp-Taschenbuch Wissenschaft: Bd. 1018.* Suhrkamp.

Kühne, O. (2024). *Redescribing Horizontal Geographies: A Neopragmatist Approach to Spatial Contingency, Complexity, and Relationships.* Springer International.

Kühne, O., Berr, K., Edler, D., Lohmann, P. & Schuster, K. (2025). *Neopragmatismus – inverse Landschaft – (karto)graphische Darstellung: Von der Kritik zur Weiterentwicklung.* Springer VS.

Kühne, O., Berr, K. & Koegst, L. (2023). Contingency and Landscape: Basic Considerations on Graphic and Cartographic Representations in Recourse to the Concept of Inverse Landscapes as a Contribution to Deviant Cartographies with Examples on Louisiana. *KN – Journal of Cartography and Geographic Information, 1–12.* https://doi.org/10.1007/s42489-023-00145-7

Kühne, O. & Koegst, L. (2023). Neopragmatic Reflections on Coastal Land Loss and Climate Change in Louisiana in Light of Popper's Theory of Three Worlds. *Land, 12*(2), 1–17. https://doi.org/10.3390/land12020348

Kühne, O., Koegst, L. & Berr, K. (2024). *Oilscapes of Louisiana – Neopragmatic Reflections on the Ambivalent Aesthetics of Landscape Constructions.* Springer Fachmedien.

Nassehi, A. (2024). *Kritik der großen Geste: Anders über gesellschaftliche Transformation nachdenken.* C. H. Beck.

Ritter, F. & Fürst, N. (2025). The Southern Louisiana Atchafalaya Landscape: Three Theoretical Perspectives. In F. Papadimitriou & O. Kühne (Hrsg.), *RaumFragen: Stadt – Region – Landschaft. Deviant Landscapes* (S. 337–356). Springer Nature Switzerland. https://doi.org/10.1007/978-3-031-75416-6_19

Zempelin, W. (2017). *Für Frank Goosen liegen die Storys auf der Straße.* https://www.wn.de/muensterland/kreis-coesfeld/luedinghausen/fur-frank-goosen-liegen-die-storys-auf-der-strasse-1469280

GPSR Compliance
The European Union's (EU) General Product Safety Regulation (GPSR) is a set
of rules that requires consumer products to be safe and our obligations to
ensure this.

If you have any concerns about our products, you can contact us on

ProductSafety@springernature.com

In case Publisher is established outside the EU, the EU authorized
representative is:

Springer Nature Customer Service Center GmbH
Europaplatz 3
69115 Heidelberg, Germany